DANÇAS·DE·MATRIZ·AFRICANA

ANTROPOLOGIA DO MOVIMENTO

Jorge Sabino e Raul Lody

DANÇAS · DE · MATRIZ · AFRICANA

ANTROPOLOGIA DO MOVIMENTO

Rio de Janeiro, 2021
1ª edição · 2ª reimpressão

Copyright© 2011
Jorge Sabino e Raul Lody

Editoras
Cristina Fernandes Warth
Mariana Warth

Produção editorial
Rafaella Lemos
Silvia Rebello

Pesquisa e texto
Jorge Sabino e Raul Lody

Ilustração
Raul Lody

Foto capa e 2ª orelha
Mariza Vianna

Projeto gráfico
Aron Balmas

Revisão
Norma Baracho Araújo
Taís Monteiro
Tomas Bernardo
Fernanda Mello

Diagramação
Abreu's System

Capa
Luis Saguar e Rose Araujo

(Este livro segue as novas regras do Acordo Ortográfico da Língua Portuguesa.)

Todos os direitos reservados à Pallas Editora e Distribuidora Ltda.
Não é permitida a reprodução por qualquer meio mecânico, eletrônico, xerográfico etc. de parte ou da totalidade do conteúdo e das imagens contidas neste impresso sem a prévia autorização por escrito da editora.

CIP-BRASIL.CATALOGAÇÃO-NA-FONTE
SINDICATO NACIONAL DOS EDITORES DE LIVROS, RJ

S121d

  Sabino, Jorge e Lody, Raul
    Danças de Matriz Africana: antropologia do movimento / Jorge Sabino e Raul Lody. – Rio de Janeiro: Pallas, 2013.

    192p.

    ISBN 978-85-347-0440-3

    1. Danças afro-brasileiras. 2. Antropologia. 3. Etnocoreografia. 4. Estética da arte africana. I. Lody, Raul, 1951-. II. Título.

10-2953   CDD: 793.3
                             CDU: 793.3

Pallas Editora e Distribuidora Ltda.
Rua Frederico de Albuquerque, 56 – Higienópolis
CEP 21050-840 – Rio de Janeiro – RJ
Tel./fax: 55 21 2270-0186
www.pallaseditora.com.br
pallas@pallaseditora.com.br

O domínio religioso revela-nos outras características
da concepção que os africanos têm do universo, da vida
e da sociedade.
É assim que o tratamento do corpo, que intervém na relação
do homem com a divindade, prova a inadequação do
pensamento religioso dualista, em que o corpo é eliminado
em proveito do espírito. As técnicas do corpo desempenham
uma função tão importante que é talvez pelo corpo que se
manifesta a divindade. Esta não é só um objeto de
demonstração através do confronto de escolas teológicas.
É uma manifestação presente no regozijo coletivo, e não a
conclusão de um silogismo. Na unidade corpo-espírito,
indivíduo-coletividade, recolhimento-júbilo, veneração-
-familiaridade, é o homem total ligado à sociedade que
manifesta a divindade ao assumir e sublimar tudo o que
constitui como homem.

(Honorat Aguessy. Introdução à cultura africana, p. 127)

Sumário

11 Prefácio, por Lia Robatto
15 Por que falar de dança de matriz africana
19 A dança nasce em torno do fogo
23 A dança no Brasil Colonial
Assim as danças dos festejos no Brasil Colônia se ligam à tradição europeia, por intermédio de Portugal
33 Dançar & dançar
39 Reis africanos na folia — Maracatus
Chegadas e territórios
Corte e cortejo
O mando é da rainha
Maracatu, festa de todos
47 Danças circulares
Brincadeiras de roda
Ciranda de adultos
Coco de roda
Roda dos orixás

Tambor de crioula
Samba de roda
Samba, sambadô
Samba de caboclo
Samba urbano
Jongo

75   De pé no chão

79   Ara Layó — O corpo da alegria
      O corpo sinalizado

85   A identidade do som — Instrumentos musicais afrodescendentes
Diálogos: música e dança
Agogô
Atabaque
Cabaça ou afoxé

103   Xirê é divertimento

107   Paô

109   Cumprimentos corporais

111   Xaorô — O símbolo do tornozelo

115   Santo também dança — Considerações sobre etnocoreografias do candomblé

125   Exu — Ao encontro da rua

129   A dança do ferreiro

133   A dança do caçador

135   Omolu — Os pés sobre a terra

137   Dança de Oxumaré — A dança da serpente

139   Ossãe — O catador de folhas

141 A dança do vento
145 A dança do rei — O Alafim vem contar suas histórias
149 Logun Edé — Caçador e pescador, o Odé da terra e da água
151 Banho de Oxum
153 Nanã — Água dos mangues
155 Iemanjá — O mergulho da mãe-peixe
159 Oxalá — O senhor da cor branca
A dança do jovem
A dança do ancião
163 Roupa de baiana e plasticidade na dança
Pano de vestir
Pano de cabeça
Muitos panos
Quem não tem balangandãs...
Rodar a baiana
O corpo e o ofício
173 Dança e patrimônio imaterial
177 A importância da dança de matriz africana na educação
183 Referências bibliográficas

Prefácio

A manifestação artística através da sua poética envolve uma busca de sentido, promove mudanças no modo de ver, entender e agir, ou seja, na forma como o homem estrutura e organiza o mundo para responder aos seus desafios em um processo constante de transformação de si e da realidade à sua volta.

As artes — especialmente a dança, por ser matéria "viva" e fluida, pela sua própria natureza intangível — nunca serão mensuráveis e não se pode arbitrariamente ordená-las e atribuir-lhes valores padronizados. É preciso considerar com flexibilidade tentativas de classificação como estas.

O mundo hoje está mais atento e sensível a valores intangíveis que dão sentido à vida. As conferências gerais da Unesco propõem princípios sobre pluralismo, direitos humanos, criatividade e solidariedade internacional em favor da diversidade cultural.

Este livro de Jorge Sabino e Raul Lody vem refletir, de forma abrangente e do ponto de vista da antropologia do movimento, sobre as danças de matriz africana, contextualizando o ambiente social, político, econômico e cultural brasileiro onde este processo se dá; considerando essas manifestações ancestrais como uma forma de manutenção da memória coletiva através de relatos simbólicos, um aspecto não escrito da história, um patrimônio imaterial visto como um valioso bem cultural intangível e produto das transformações das mentalidades na constante dinâmica de cada comunidade portadora e mantenedora dessas manifestações.

A dança comunitária é vista aqui como sinal de pertencimento, construção e afirmação de referência étnica, desde tempos imemoriais.

Qualquer manifestação popular de dança, abarcando todos os gêneros, provoca em cada participante um grande estímulo com a sensação do esforço comum, simultâneo, mesmo que num desempenho individualizado. Inevitavelmente, acontece uma sinergia motivadora entre os dançarinos, na qual cada participante está se expondo, ao mesmo tempo que observa o outro. Aqueles que têm mais conhecimento dos fundamentos dessa manifestação são sempre considerados pelo grupo, naturalmente, como líderes, como uma referência catalisadora que dá mais ânimo, mobilizando os demais dançarinos a uma possibilidade concreta de realização e reconhecimento pela comunidade que os acolhe. Estamos falando de manifestações de êxtase coletivo, recorrente nas danças de origem africana, que através do movimento corporal vêm atravessando todas as culturas até os nossos dias, com suas formas peculiares em cada grupo de indivíduos.

Este texto informa de maneira fluente e prazerosa sobre os fundamentos ônticos daqueles descendentes africanos que dançam o seu universo, numa forma de representação através de um repertório de gestuais simbólicos carregados de um significado que transcende a realidade cotidiana. Este livro — que também se propõe levar em consideração fatores biomecânicos e socioeconômicos da ação dos corpos que configuram essas manifestações, como dizem os autores do livro — aponta os papéis sociais dessas danças, como os corpos construídos nos trabalhos diários. A obra trata de habilidades do cotidiano unidas às expressões culturais a que pertencem, e que são recuperadas nos momentos das festas e danças. Estas habilidades são representadas simbolicamente nos corpos.

Aqui entramos em contato com danças de roda que configuram rituais de sociabilidade, inclusão e pertencimento. Manifestações de bumba-boi e similares com seus enredos dramáticos, constituindo traduções mitológicas da natureza.

Levantando o percurso histórico das danças no Brasil Colônia, de origem ibérica e africana, o livro enfoca o cortejo barroco europeu alegórico, em que não se separa a função religiosa da diversão, que através do sistema das irmandades incorporava as danças ancestrais dos africanos nas procissões, dentro da estratégia colonizadora, como forma de controle político e instrumento de negociação para diferentes métodos de administração da paz nas senzalas.

A dança aqui é tratada como um ensaio social do comportamento motor dos africanos. Corpo como referência mais próxima para ativar memórias — gesto documental *versus* idealização de identidade étnico-cultural.

O texto se torna especialmente tocante quando aponta para o princípio implícito dessas danças: "viver no corpo e pelo corpo as mais profundas relações de pertença com povos e culturas do continente africano". Considerando os africanos despojados de qualquer referência material, afirma com propriedade que contavam somente com o corpo e a memória, que traziam como referências, revivendo e reativando identidades no contexto perverso da escravidão. Assim, o movimento de resistência à humilhante situação de extrema sujeição se dava também pela sua dança, lugar privilegiado de viver e manter a memória da sua cultura, um dos únicos nichos de dignidade possível.

Quanto à capacidade da dança de propiciar alegria e prazer, os autores afirmam: "Participar do Carnaval do Recife é estar em contato direto com a manifestação, é experimentar diferentes rituais dessa festa tão pública e democrática."

É esclarecedor quando os autores trazem a noção das nações africanas, tema recorrente da cultura dos descendentes africanos, especificamente em relação aos blocos, às associações e a quaisquer outros coletivos de dança, tais como os maracatus, no sentido de: território, modelo étnico, lugar comum, semelhança, singularidade, identidade e história.

Quanto às danças rituais do candomblé, o livro detalha suas pesquisas e análises descritivas. A dança legitimando o sagrado: "Os pés tocam e se comunicam com a ancestralidade, a terra — aiê —, na concepção yorubá de mundo, e assim estabelecem fortes relações sagradas com as matrizes africanas."

Este livro considera a coexistência de múltiplas culturas numa mesma sociedade e um desenvolvimento que propicie autonomia e relações igualitárias de participação nesse processo. Estimula, assim, a promoção da participação popular, a autogestão das atividades culturais e o desenvolvimento plural de qualquer manifestação comunitária, de todos os grupos em relação às suas necessidades, para que os próprios sujeitos produzam a arte e a cultura necessária para resolver seus problemas e afirmar ou renovar sua identidade.

LIA ROBATTO, coreógrafa
Salvador, 3 de fevereiro de 2010

Por que falar de dança de matriz africana

Além do que se entende na anatomia, na biomecânica e nas demais disciplinas da educação física, da fisioterapia e da dança sobre o chamado corpo físico, busca-se também o entendimento acerca do corpo simbólico — corpo cultural —, visto como tema de interesse fundamental à dança.

Nessa construção, há sem dúvida um total e profundo diálogo intracorpo, em suas características psicofisiológicas e na forma como essas propriedades e esses limites falam com o que se espera ou se deseja de um corpo, que antes de tudo retrata um lugar, um tempo histórico, atividades, profissões, religiosidade, ludismo, rituais de sociabilidade e formas de comunicação.

Dança de matriz africana é um tema que, apesar do seu forte significado como arte, símbolo, criação, memória, saúde e, em especial, foco de identidade, é ainda praticamente inédito em coreologia — ciência da dança que estuda os movimentos e sua relação com o bailarino, o espaço e a música. Mas por quê?

Fala-se muito da dança brasileira, das manifestações tradicionais e, portanto, orientadoras de uma leitura do corpo do brasileiro, das suas diferentes formas de revelar e de criar coreografias. Há uma produção literária histórica sobre grupos de dança organizados por companhias, publicações comemorativas, ensaios fotográficos sobre bailarinos, biografias de coreógrafos; contudo, uma imersão se faz necessária para o diálogo da dança com a cultura ou, ainda, do corpo cultural com a coreografia, tornando indispensáveis estudos detalhados e analíticos sobre esse campo ainda quase inédito da afrodescendência.

A dança tradicional e popular brasileira é um magnífico tema que ainda não recebeu, em quantidade e qualidade, os estudos, as interpretações e as documentações necessários.

É importante despertar um olhar preferencial que una a dança à cultura e à educação interdisciplinar; um olhar que veja a dança como uma realização que remete imediatamente às memórias, às etnias, às civilizações, aos povos e aos indivíduos.

O corpo é um espaço socialmente informado, que assume repertórios de movimentos e se define como um lugar de produção de conhecimentos. A dança é uma realização social, uma ação pensada, refletida, elaborada tática e estrategicamente, abrangendo uma intenção de caráter artístico, religioso, lúdico, entre outros.

A ciência da dança vista em um contexto esperado e estimado na interdisciplinaridade ainda está por chegar, no Brasil, aos textos produzidos e às pesquisas, também iniciais, visto que a literatura disponível atende precariamente à educação física, aos grupos organizados — como as companhias de dança — e às demais manifestações reconhecidas como dança.

Há uma tradição brasileira no inventário de danças denominadas como folclóricas, que trazem elementos descritivos e buscam etnografias básicas; contudo, não há na

por que falar de dança de matriz africana 17

maioria dos casos análises e interpretações desejáveis pela ciência da dança.[1] Por tudo isso, esta obra quer apontar as muitas possibilidades que a dança e o corpo cultural podem trazer para o exercício da própria dança e, em especial, registrar e estudar as danças de matriz africana no Brasil.

[1] Os grandes movimentos da teoria folclórica brasileira se dão a partir da Segunda Guerra Mundial, com a criação da ONU e da Unesco, com o intuito de promover um sentimento de solidariedade que reúna o mundo, por meio da cultura, no cultivo e na valorização das identidades. No Brasil, cresce um forte sentimento nacional de valorização das então chamadas *raízes culturais*, que são enfatizadas no sistema político do Estado Novo de Getúlio Vargas. Quando o Brasil e o brasileiro são *descobertos* nas suas mais profundas características do *típico*, uma forte base de regionalismo orienta o cultivo das tradições em torno das grandes referências de uma cultura que deve ser protegida e documentada.

Nesse contexto, a dança continua a ser vista como um tema integrado à brincadeira, ao teatro popular ou sob o aspecto descritivo, esquematizado, que é tratado pelas chamadas *vocações étnicas*. É comum se ouvir a expressão: "tem o samba no sangue". Seria melhor dizer "tem o samba em sua forma e expressão do corpo, de comunicação, de expressão e de memória". A capoeira, que é outro importante fenômeno de identidade de matriz africana, também é amplamente difundida e experimentada. O corpo, esse grande desconhecido que realiza gestos, executa movimentos, ações, tem estrutura e esquemas para desenvolver habilidades e estabelecer inúmeros processos de comunicação e de expressão criadora.

A dança nasce em torno do fogo

O pleno domínio do homem sobre o fogo garantiu, inicialmente, grande importância mágica, poder social e poder divino. Produzir fogo e tê-lo como um agente de transformação possibilitou grandes avanços tecnológicos, inclusive na transformação dos metais e nos processos culinários. Contudo, o fogo até hoje é um elemento de profunda relação com os deuses em todos os povos e civilizações.

O fogo é o sol reproduzido. Purifica, revitaliza, atinge as culpas e os pecados buscando mudanças, referências que tocam na comunicação do homem com sua memória remota, fundamental e arcaica.

Por isso, o fogo sempre exerceu grande fascínio, sendo tema e motivo de inúmeros acervos da literatura, da música e especialmente da dança.

Em torno das fogueiras, diferentes manifestações corporais exercem diálogos coreográficos, retomando em cada gesto os repertórios simbólicos que ampliam os laços entre o homem e a natureza.

A luz, o calor, a cor e os movimentos ígneos revelam os temas que são relatados e desenvolvidos no corpo, estabelecendo coreografias entre o homem e o fogo dinâmico, motivador e centro, certamente, da dança.

Imemoriais e contemporâneas são as diferentes formas de ver e interagir com o fogo, trazendo vínculos ancestrais e criativos para improvisar, tratar do espaço da dança em torno da fogueira, sob o aspecto das relações físicas e emocionais, e de repertórios experimentados por muitos povos — e repetidos milenarmente.

No caso do Brasil, são expressivas as manifestações de festa e de fé religiosa, especialmente em junho, mês consagrado a São João, santo católico que é celebrado em diferentes rituais, inclusive nas danças em torno das fogueiras.

Nessas comemorações, o santo retoma os imaginários dos rituais agrícolas da Idade Média, reinterpretando rituais pré-cristãos em cerimônias que trazem o sol como elemento de familiaridade e de vida para o homem e a sua sociedade.

Muitas danças e formas de representação dramática em danças-autos acontecem no Brasil, lembrando São João e tudo o que ele traduz de vínculo entre o fogo e a própria história do homem.

As danças de roda, coreografias de formação circular em torno das fogueiras, são lembranças arcaicas e fundamentais sobre a relação entre o corpo que dança e o espírito que elabora, simboliza, interpreta e cria novos temas, novos registros que atualizam o elo *fogo-homem*.

O sentimento de igualdade e de solidariedade é revivido e estimulado nas danças de roda, retomando-se modelos mitológicos que justificam os movimentos do mundo, a unidade cósmica, aproximando e possibilitando importantes rituais de sociabilidade e também de inclusão, de pertencimento a um grupo, a uma sociedade, a um povo.

a dança nasce em torno do fogo 21

Tudo isso, certamente, está presente nas cirandas ao som do ganzá, da caixa, dos cantos, nas rodas tradicionais, na repetição, nas criações e no desenvolvimento da própria dança, unindo e irmanando todos os participantes, que são levados pelo sentimento de igualdade.

As cirandas juninas em Pernambuco têm o costume praieiro, são coreografias do litoral, onde também as fogueiras são destaque, juntamente com a noite que é iluminada evocando histórias pessoais, momento de mãos dadas nas imemoriais coreografias, relatos dos nossos mais remotos ancestrais.

As danças circulares estão no amplo ciclo de festas no Brasil, nas danças-autos — danças que desenvolvem enredos dramáticos que vão notabilizando cidades, lugares, regiões. Na cidade de São Luís, Maranhão, o bumba, ou bumba-boi, mostra variação do enredo que trata da vida, morte e ressurreição do boi, personagem mitológico de muitas culturas, sempre representando o poder viril, masculino, e certamente relacionado aos rituais de fertilidade dos campos e dos homens.

Ainda no Amazonas, em Parintins, os grandes festivais de bumba com os grupos Caprichoso e Garantido reúnem centenas de pessoas que dançam, representam e trazem imaginários das culturas nativas indígenas, dos povos.

Forró, coco, quadrilha, tantas outras expressões coreográficas que comovem milhares de pessoas no Nordeste e em outros lugares no Brasil trazem como eixo das festas as celebrações de junho em torno das fogueiras, nas reuniões, nos cantos, nas danças circulares e na comensalidade próxima ao fogo, partilhando alimentos.

É o fogo imanador retomado a cada ano no mês de junho nas festas públicas, algumas religiosas, em especial nos templos de matriz africana; festas que afirmam identidades, atualizam memórias e demais símbolos, que atestam pelas danças o sentimento de ancestralidade.

Une-se a fogueira de São João à fogueira de Xangô, orixá da civilização yorubá que é o próprio fogo. É o poder masculino aliado à capacidade de produzir e, principalmente, de controlar esse elemento.

Nas liturgias das religiões de matriz africana, a fogueira inaugura o ciclo de festas que relembra Xangô, o Alafim, rei de Oyó.

É Xangô, segundo as tradições orais — *itãs* —, aquele que põe fogo pela boca. É o próprio fogo. É a fogueira.

Tudo isso é experimentado pelo corpo que dança e expressa esse repertório de matriz africana e de prática social e religiosa.

Então, certamente o corpo fala de maneira integral trazendo o fogo, relembrado nas fogueiras de junho, um longo processo de vinculação histórica entre o homem e seu desejo de eternizar o poder sobre o mundo da natureza e o mundo sagrado.

A dança no Brasil Colonial

> *O termo Balletti, diminutivo de Ballo, é usado para designar danças que têm lugar no salão de baile.*
>
> (Lincoln Kirstein, 1977)

No século XVII, o padre jesuíta Claude-François Ménestrier, consagrado compositor de balés, faz a distinção fundamental na sua obra *Des ballets anciens et modernes selon les règles du thèâtre* (1682): o balé não é o baile dos astros, mas a sua representação.

A dança dos egípcios que representava o movimento celeste foi, segundo Ménestrier, o primeiro balé de que se tem notícia (Monteiro, 1998).

O balé é a imitação do visto, do vivido. E é isso que ele tem em comum com a poesia, a pintura e a música, ao mesmo tempo que difere de todas elas por possuir suas próprias regras.

> *A Tragédia e a Comédia com ele [o balé] compuseram seus coros e seus intermédios. [...] Fazem parte das cavalhadas. Até mesmo nas cerimônias mais santas, na Espanha e em Portugal, são ad-*

mitidos na Igreja e nas mais sérias e graves procissões [...]. *Os portugueses têm balés ambulatórios que se dançam nas ruas de uma vila, e vão a diversos lugares, com maquinismos móveis e representações.* (Ménestrier, 1682)

Ménestrier reconhece a importância dos cortejos portugueses e espanhóis como parte integrante da tradição do balé. José Sasporte, entretanto, em sua obra *Trajetória da dança teatral em Portugal*, concebe a dança portuguesa, em fins da Idade Média, como estando integrada ao processo geral europeu de dessacralização da dança, quando "formas teatrais virão a substituir práticas rituais". A dança se desvincula da liturgia e das danças populares mais tradicionais para dar lugar às formas mais domesticadas, codificadas e internacionalizadas, iniciando-se assim a globalização do balé. Esse processo é, segundo ele, dirigido pela Igreja e pela Corte.

É, portanto, em torno de um eficiente controle político e religioso sobre os comportamentos sociais que devemos compreender a incorporação das danças nas procissões e cerimônias realizadas fora do templo, definindo-se esse traço como marcante da tradição portuguesa de dança, denominado pelo jesuíta francês Ménestrier como *balé ambulatório*.

Monteiro, na atualidade, acredita que a falta de conhecimento sobre a tradição europeia da dança, tanto quanto das tradições africana e indígena, compromete a compreensão do sentido das danças descritas nas diversas relações de festas que são as principais fontes sobre as danças no período colonial na América portuguesa.

Por exemplo, a Festa do Divino Espírito Santo, no Maranhão, acompanhada do ritmo das caixeiras e do tambor de crioula, comporta diversos momentos: abertura da tribuna, levantamento do mastro, missas, procissões, carimbó de velha,[2] derrubamento do mastro, roubo do santo, roubo do mastro, forró das caixeiras e outras "brincadeiras" de acordo com a promessa e o festeiro. A Festa do Divino reúne religiosidade e diversão, traço característico das práticas culturais de matriz africana.

Destaque para o Querebentã de Zomadonu, popularmente conhecido como Casa das Minas, comunidade/terreiro da tradição jeje localizada na cidade de São Luís do Maranhão, que na celebração da Festa do Divino Espírito Santo relembra, ritualmente, a princesa Agotime — membro da família real de Abomey, Benim —, e que introduziu o culto aos voduns da família real no Maranhão. Essa tradição é única no Brasil e é tema de busca de africanos do Benim que querem recuperar suas memórias ancestrais e, principalmente, músicas cantadas em língua fon.

É novamente o repertório estético e funcional da Igreja Católica que é aproveitado e reinventado para expressar e, principalmente, viver no corpo e pelo corpo as mais profundas relações de pertença com povos e culturas do continente africano.

Assim as danças dos festejos no Brasil Colônia se ligam à tradição europeia, por intermédio de Portugal

No estudo dos festejos coloniais brasileiros, também foram encontrados elementos espetaculares organizados em tor-

---

[2] Também chamada de serra velha, é uma dança feminina que ocorre sobre o mastro do Divino, após a sua retirada. O mastro é considerado sagrado e sua madeira possuiria propriedades míticas; por isso, são disputados os pedaços desse verdadeiro símbolo fálico que anuncia o tempo da festa. Vê-se na coreografia da serra velha, deliberadamente sexualizada, movimentos de circundução do quadril, com agachamentos alternados que fazem com que o púbis toque no mastro e se afaste dele sucessivamente.

no de um enredo relativamente estruturado, como é o caso do *ballet de cour* francês e do *masque* inglês. Esse maior grau de estruturação dramática das danças aparece no que constitui o clímax da festa, o *cortejo barroco*.

O balé barroco, tanto na América portuguesa quanto na França, desenvolveu-se no interior de uma poética que articulava as linguagens dos emblemas, das luminárias, das alegorias, dos sonetos, dos sermões e das composições coreográficas e musicais em torno de um tema.

Na procissão barroca tanto quanto no balé da Corte, as relações simbólicas expressavam-se como formas teatrais de organizar símbolos para reafirmar os papéis sociais.

No cortejo colonial, a presença do africano em condição escrava, do índio e do mulato fazia da procissão um momento de administração efetiva das forças sociais dominantes. Com a participação marcante das irmandades, da câmara e das corporações de ofícios e milícias, modificava-se, em profundidade, o sentido da festa barroca no Brasil, que passava a ser a concretização, no plano espetacular e simbólico, da missão atribuída a Portugal por Deus, ou seja, dar alma aos africanos e civilizar, utilizando, para tanto, a cruz de Cristo.

É importante ressaltar que o fenômeno da escravidão remonta à Antiguidade, ocorrendo no Ocidente, no Oriente e de maneira interafricana. Por exemplo, os hauçás vinham de terras ocupadas por Alá. Chegaram à Bahia como escravos por terem sido vítimas de conflitos na África, entre eles a "guerra santa" iniciada em 1804, em país hauçá, pelo xeque Usuman Dan Fodio. A guerra santa teve por objetivo doutrinário combater práticas pagãs, ou seja, combater as religiões tradicionais e nativas.

A tensão entre a palavra e o gesto, característica da longa tradição cristã de ligar o corpo ao pecado, ampliava-se no âmbito social, que dava maior valor à habilidade da escrita. A Igreja, ao perder o monopólio da escrita, considerava a necessidade de encontrar novos meios de poder simbólico, e o faria mediante a retomada do controle da exaltação gestual. Ao longo dos séculos XVII e XVIII, foram inúmeras as regulamentações impondo limites, por exemplo, à dança, ao vestuário, aos gastos com festas, tudo com a intenção de evitar a permanência de práticas pagãs, assim entendidas por estarem fora dos limites do domínio do poder da Igreja unido ao do Estado.

É, portanto, no quadro de um eficiente controle político e religioso que devemos compreender a incorporação das danças nas procissões e cerimônias realizadas fora do templo, definindo assim o traço marcante da tradição portuguesa da dança que os jesuítas chamaram de balé ambulatório. Certamente, instrumentos de conversão e de catequese fundamentam essas possibilidades de lidar com o corpo como meio de expressão, de memória e de identidade.

Em 1745, numa procissão realizada no Recife, Pernambuco, em homenagem a São Gonçalo Garcia, havia as seguintes representações, alegóricas, de caráter moral, que constituíam o sentido total dessa composição considerada balé cortejo e de configuração dramática de base religiosa. É assim descrito:

Ala da Ásia, por ser São Gonçalo originário da Índia; ala do Aplauso (representada por uma freira); ala da Alegria, mostrando como a religião católica é recebida pelos homens pardos de Pernambuco (população descendente de africanos, de crioulos e de filhos de africanos nascidos no Brasil); ala da Meditação, orientando a todos quanto ao fato de que São

Gonçalo é o santo escolhido, por sua etnia, para devoção por parte dos homens pardos; ala do Zelo, que define como será o seu culto; ala da Pregação, mostra que sua principal missão é a conversão; ala do Martírio, por ele ter padecido em nome do cristianismo; ala do Merecimento e ala do Prêmio, que valorizam a sua beatificação. Assim, construía-se um enredo de conotação espetacular, tão espetacular à época, certamente, como os enredos das escolas de samba contemporâneas.

Cada festa barroca é uma composição complexa constituída por muitos elementos visuais, profundamente alegóricos, incluindo-se indumentárias, música instrumental, canto, andores com santos, estandartes e demais símbolos heráldicos, nuvens de incenso e outros elementos de motivação da fé cristã.

Todas as coisas animadas ou inanimadas, da representação do último lacaio do palácio até o que representava a última laranjeira, constituíam elementos simbólicos que remetiam à dominação da Igreja para a contenção social.

Nesses espetáculos sacroprofanos da procissão barroca, a representação dos segmentos afrodescendentes da sociedade (homens pardos e outros) e dos ofícios manuais se dava pelas danças permitidas e promovidas pelas corporações. Eram os raros momentos de expressão do corpo, submetido ao aviltamento da escravidão.

O prodígio coreográfico se daria justamente através dessas danças, à vista dos *sobas* (cargo de nobreza no continente africano) no cortejo do rei e da rainha do Congo; das muitas folias; das mouriscas; das contradanças; dos fandangos; e de muitas outras formas de dançar, cujos conteúdos motores apenas podem ser imaginados, assim como todas as influências que essas danças de matriz africana trouxeram para as danças brasileiras populares de hoje.

Spix e Martius viram um casal de bailarinos que realizavam rotações e contorções artificiais da bacia [...] *(Boaventura, 1986)*

Saint-Hilaire (1818–1822) diz:

Com os jarretes vergados, punhos fechados, o antebraço em posição vertical, avançavam um após o outro remexendo os pés e dando a todos os membros uma espécie de agitação convulsiva que devia ser extremamente fatigante para os homens que tinham trabalhado durante todo o dia [...].

As festas de matriz africana das irmandades de homens negros e pardos podiam conter, por exemplo, procissão religiosa católica, tambores, danças e cantos africanos.

Essas irmandades foram organizadas pela Igreja e pelo Estado em cultos e devoções a Nossa Senhora do Rosário, a São Benedito, a Santa Efigênia, a Santo Elesbão, a Santo Antônio de Catalagirona, a Nossa Senhora da Boa Morte, a Nosso Senhor dos Martírios, a Bom Jesus da Paciência, entre outros, que abrigavam, na sua maioria, os chamados reinados.

Esses reinados tinham o sentido de relembrar ao poder colonial português as cortes africanas, fazendo com que reis e rainhas coroados nas Igrejas escolhidas para receberem exclusivamente negros e descendentes fossem autorizados a reinar em algumas festas religiosas e, também, em alguns feriados do calendário oficial de um Estado escravagista. Eles permanecem até hoje nos maracatus de Pernambuco e em outras manifestações também religiosas e festivas, como congadas, congos, reis do congo, moçambique, ticumbi, bandas de congo, entre muitas outras maneiras de unir histórias ancestrais africanas a sistemas católicos ou de divulgar permanentes processos de valorização de identidades e patrimônio afrodescendentes. (Lody, 2006)

Exemplo disso foi o que aconteceu em dezembro de 1808, na Bahia, quando numa festa nas ruas de Santo Amaro, uma das vilas mais populosas do Recôncavo baiano, na região dos engenhos de açúcar, os escravos se reuniram, em festa, concentrando-se em diferentes locais, de acordo com os principais grupos étnicos ou nações a que pertenciam: angolas e jejes; nagôs e hauçás.

Nos engenhos, essas várias nações provavelmente não tinham como promover a separação por grupos, razão por que os africanos não se misturavam nas festas, podendo, assim, expressar e exercer, por meio de seus corpos, cantando e dançando, suas afirmações de alteridade.

Os hauçás — muçulmanos — aliaram-se aos nagôs para batucar, e estes eram predominantemente pagãos, segundo o islã. Neste caso em Santo Amaro, o convívio dos mulçumanos com os nagôs possibilitou maior interação, pois havia sentimentos comuns que nasciam da busca pela liberdade.

Certamente, a Igreja e o Estado reprimiram as festas com maestria e excelência. Contudo, os movimentos de resistência da população africana e afrodescendente cresciam através da dança como forma de manifestar memórias ancestrais e de pertencimento.

Boaventura cita em seu artigo "A dança e a música dos negros em Minas Gerais segundo os viajantes estrangeiros do século XIX" (27/07/1986) que:

a dança no brasil colonial 31

No batuque, o dançarino do centro dava uma umbigada no outro que se exibia e trocava com o seguinte, repetindo a mesma sequência. [...] em Rugendas os figurantes trocavam de lugar na roda. São variações muito sutis, mas que revelam as várias diferenças existentes: quanto à origem africana e às influências regionais, verificadas em todo o país.

Freireyss citou entre os inimigos desta dança a Igreja, especialmente os padres. Um deles chegou a negar absolvição a um paroquiano negro, acabando desta forma com a dança, porém, com grande descontentamento de todos.

Há um preconceito explícito contra o batuque, que perpassa todos os discursos, reproduzindo sobretudo os valores da sociedade branca. Assim, o batuque seria uma dança lasciva para Freireyss, dança indecente para Saint-Hilaire e dança obscena para Spix & Martius. Tanto na descrição da moral local, em caso de reação da igreja mencionada por Freireyss, como no ponto de vista do cronista (por exemplo, Saint-Hilaire a classifica: dança que a decência mal permite mencionar), o que mais impressiona os autores são os movimentos do corpo — bem distintos dos europeus. Freireyss achava importante o conhecimento das formas de lazer como padrão de julgamento de um povo; aliás, sua visão era extremamente etnocêntrica: [...] o negro selvagem com a alegria barulhenta e o cômico maneiro de seu corpo indica o verdadeiro grau em que se acha na escala social, que, conforme nossas ideias de beleza, está muito baixo, sendo singular que as danças sejam exatamente o contrário das nossas, porque ao passo que nós procuramos mostrar o nosso corpo na luz mais favorável e os nossos professores de dança se esforçam por dar aos seus discípulos uma posição exata e elegante, os negros procuram dar a seu corpo as mais extravagantes posições, contrariando de modo mais desnatural possível o jogo de todos os seus músculos, e quanto mais ele consegue, maiores são os aplausos que lhe são dispensados.

O xeque Fodio, da África, que também escreveu contra batuques semelhantes aos da Bahia, afirmava ser terminantemente proibido ao muçulmano tocar instrumentos com o fim de se divertir e de cantar.

A festa foi referência básica de identidade étnica e também expressão de resistência do africano em condição escrava no Brasil Colônia, por isso a festa africana foi instrumento de negociação para os diferentes métodos de administrar a paz nas senzalas, sendo sempre grande motivo de preocupação entre os senhores de engenho, a própria Igreja e o Estado.

A dança de matriz africana é mais do que apenas uma manifestação recreativa de um grupo cultural. Os fatos relacionados às ações, aos gestos e aos hábitos devem ser entendidos no contexto em que ocorreram. A dança era, então, um ensaio social do comportamento motor dos africanos e seus descendentes, transmitida através da imitação, da tradição e, também, da criação e dos diálogos com as outras matrizes culturais, certamente a lusitana, não apenas europeia, mas mundializada, verdadeira síntese das relações entre o Ocidente e o Oriente à época.

Dançar & dançar

Tantas e variadas são as chamadas danças de matriz africana. Elas reúnem desde a capoeira até o passo do maracatu do Recife, abarcando inúmeras coreografias e papéis específicos de homens e de mulheres que se misturam entre os lugares das pessoas e dos personagens. Mitos, bichos, elementos da natureza, ancestrais, deuses, todos juntos vivendo em cada coreografia uma função, um desempenho necessário à compreensão do mundo.

O mesmo se dá no teatro popular, por alguns chamado ainda de dança dramática, com os autos do boi ou ainda as congadas, os congos, os ticumbis, entre tantas expressões que revelam temática afrodescendente. As danças cerimoniais dos orixás assumem sua vocação teatral de contar histórias por meio de coreografias apoiadas e complementadas por roupas e objetos que integram o processo da própria dança.

Tantos, vários corpos trazem referências visuais de matriz africana. Muitos estão marcados pelos símbolos de identidade — desenhos na pele feitos por meio de escarificações, tatuagens —, que mais tarde são recuperados em temas visuais nas pinturas corporais da iniciação religiosa do *iaô*; na tecelagem, no trançado de fibras naturais, nas pinturas de objetos de barro, nas paredes das casas e em muitos outros locais e suportes.

A busca de referência se dá nas reuniões para ativar e recuperar memórias que desde o início, no Brasil do século XVI, foram chamadas de *batuque* — termo geral usado para traduzir som, instrumento musical, dança e música, pois tudo que fosse e lembrasse a África era chamado de batuque.

Há uma forte e quase exclusiva presença de instrumentos de percussão feitos de pele de animal — membranofones —, e ainda outros de percussão feitos de madeira e metal, além de muitas outras fontes sonoras, como a percussão no próprio corpo. Tantas formas, tantos estilos, tendências, realizações musicais e coreográficas foram igualados e unificados como batuque.

Os africanos estiveram envolvidos em quase todo tipo de festa na Colônia e no Império. Mesmo nas festas de *branco*, eles figuravam como serviçais e até como músicos. Das celebrações públicas, fossem cívicas ou religiosas, com frequência participavam junto da *gente branca*.

Os diversos sentidos e as várias formas da festa no mundo africano na maioria das vezes confundiam os seus senhores. Senhores de engenho, autoridades políticas e eclesiásticas em geral discordavam quanto à atitude a ser tomada diante da realização desses batuques. Se por um lado a festa era vista como um ensaio para a revolta, prejuízo para a produtividade escravista, costume bárbaro ou ainda inteiramente pagão, por outro era aceita como elemento pacificador das tensões do escravismo, distração nas folgas do trabalho duro, e até como direito adquirido do escravo desde que não passasse de *folguedo inocente*, conforme definia o jesuíta Antonil no início do século XVIII.

Quando incluímos na folia o negro nascido no Brasil — crioulo —, escravo ou livre, estamos diante de um processo de transformação cultural. Mesmo das festas mais africanas, as de caráter religioso como calundus e candomblés, os brancos, os mestiços livres e os mestiços livres nascidos na terra puderam participar durante longo tempo, mas apenas como observadores. Entretanto, mais tarde, esses elementos puderam se incorporar à festa.

Diante dos novos conceitos e das novas realidades das comunicações corporais, a Igreja procura manter a ordem nas próprias irmandades exclusivas dos homens chamados de homens de cor.

[...] *não me parece ser muito acerto em política, o que tolerar que pelas ruas e terreiros da cidade façam multidões de negros, e de um e outro sexo, os seus batuques bárbaros a toque de muitos e horrorosos atabaques, dançando desonestamente, e cantando canções gentílicas, falando línguas diversas, e isso com alaridos tão horrendos e dissonantes que causam medo e estranheza, ainda aos mais afoitos, na ponderação de consequências que dali podem provir, atendendo ao já referido número de escravos que há na Bahia, corporação temível e digna de bastante atenção, a não intervir na realidade que há entre os crioulos e os que não são; assim como entre as diversas nações de que se compõe a escravatura vinda das costas da África.* (Vilhena, 1969, v. 1, p. 134)

A população africana, crioula, ocupava em quantidade e em diversidade cultural as principais cidades do Brasil, marcadamente afrodescendentes, como Salvador, Recife e Rio de Janeiro.

[...] *com uma liberdade absoluta, dança, vestuários caprichosos, remédios fingidos, bênçãos e orações fanáticas, folgavam, comiam e regalavam com a mais escandalosa ofensa de todos os direitos, leis, ordens e pública quietação.* (Conde da Ponte para o visconde de Anadia, 07/04/1807, Anais da Biblioteca Nacional do Rio de Janeiro, 37 (1918), p. 450-451)

O corpo livre em tema e conceito, não necessariamente livre de direito, vivendo a condição escrava, buscava justamente na festa de irmandade católica, de batuque, outras expressões de religiosidade e de sociabilidade.

O jornal *Correio Mercantil* refletiu e fortaleceu o medo, no século XIX, externando a ideia do caráter revolucionário da festa negra. Em 1838, divulgou artigo a respeito da realização de um *estrepitoso batuque* nos arredores de Salvador, que teria levado susto e terror a muitas famílias daquelas circunvizinhanças — que já haviam denunciado fatos semelhantes no mesmo sítio — onde também se reuniam negros aquilombados. Batuque, quilombo e revolta eram vistos da mesma forma.

Também a denominação *folgaça africana* foi muito usada para designar festa, reunião, batuque, como manifestação de música, identificada principalmente pelos tambores, outra forma genérica para chamar os muitos tipos de instrumentos musicais de matriz africana ou de reinvenção afrodescendente.

Outra nominação às formas de música e dança de matriz africana, as *vozerias*, era geralmente empregada em relação a festas religiosas, as chamadas *festas de largo*, que seguiam o calendário católico. As vozerias motivavam reuniões, encontros para comer, cantar e, principalmente, dançar.

Em destaque, a festa do Bonfim, na cidade de São Salvador, quando se une o sentimento religioso do culto a Oxalá

— orixá que mora no monte Okê — à imagem da Igreja que fica localizada no monte chamado de Colina Sagrada.

Outras festas tradicionais que sempre reuniram os povos dos terreiros são a de Santa Luzia e a de Conceição da Praia, unindo o povo de candomblé para comemorar Oxum e Iemanjá.

Os diferentes processos sociais foram organizando o sentido da festa — batuque, vozeria, em destaque os grandes afoxés —, e levava às ruas mais de quatro mil africanos e descendentes de africanos, tocando instrumentos de percussão, cantando em línguas africanas no consagrado estilo de música e dança gexá ou ijexá, conforme relatam jornais de Salvador do século XIX.

> *Batuque do sarambá*
> *é a dança da Bahia*
> *que mandaro para cá...*
> (poesia popular da Bahia)

Reis africanos na folia — Maracatus

Chegadas e territórios

Reis, rainhas, nobres, sacerdotes e tantos outros cargos e tipos de hierarquias — de sistemas étnicos, sociais, culturais, políticos e religiosos, próprios de povos e de civilizações do continente africano — unem-se aos artesãos, trabalhadores, agricultores, soldados, entre muitos e muitos outros africanos que por aqui chegaram durante o período do tráfico de escravos para o Brasil.

Especialmente dos antigos reinos do Congo, no século XVI, vieram os primeiros contingentes de escravos, permanecendo o comércio com a região até o século XVIII, quando se inicia o chamado Ciclo do Benim, com a chegada de africanos da costa ocidental do golfo do Benim.

Águia de Ouro
Embarcou para Loanda
Avistei os caboclos
Armissanga
Jurema, caboclo.

(toada do maracatu Nação Elefante, Recife)

Os maracatus preservam essas memórias ancestrais africanas e fortalecem os laços religiosos com os terreiros de Xangô. São a afirmação dos sistemas sociais e hierárquicos de matriz africana, com muitos personagens que desempenham os seus papéis na organização dos cortejos. O processo histórico valorizou o maracatu como o lugar de identidade africana.

Hoje são personagens afrodescendentes que integram essas cortes africanas, ampliando convivências, reinterpretando o que é africano em contextos e calendários religiosos, trazendo esses cortejos para o Carnaval.

A bandeira é brasileira
Nosso rei veio de Loanda
Oi, viva Dona Emília
Princesa Pernambucana.

(toada do maracatu Nação Elefante, Recife)

A nacionalização de tradições africanas é um dos grandes temas da afrodescendência no Brasil. Convivem ao mesmo tempo modelos antigos e ancestrais de uma África, que é verdadeiramente documental e histórica, com outra África, que nasce de idealizações e de concepções mais recentes, e que também são formadoras de identidades.

Nesses contextos, os chamados reinados ou reinados do Congo são revividos anualmente em festas religiosas e nos ciclos do Carnaval. No caso do Recife, eles estão presentes nos grupos de maracatus, especialmente chamados de baque virado, africano e nação, por manifestarem relações entre os reinos do Congo e de Angola com a vida além-Atlântico, no Brasil, em Pernambuco.

> *Aqui dentro desta sede*
> *onde Elefante brincou*
> *Aqui dentro desta sede*
> *onde Elefante brincou*
> *Palavra de rei*
> *É casa de governador*
> *Palavra de rei*
> *É casa de governador.*
>
> (toada do maracatu Nação Elefante, Recife)

Os maracatus são organizados no Carnaval como clubes. No entanto, o sentido e o significado de nação permanecem dando a cada grupo um espaço próprio e territórios identificados ao modelo que nasce de um elemento ancestral, fundador e heráldico.

Alguns animais dão nome à nação, fazendo com que todos os membros do grupo tenham uma mesma origem mítica. Da Nação Elefante, idealmente todos descendem do elefante; da Nação Leão Coroado, todos descendem do leão; o mesmo acontece com cada tema que remete aos mais antigos emblemas e memórias africanas. Todos estão unidos por uma mesma identidade, que é também unidade de um grupo, determinando as maneiras de ver e de entender o mundo.

O sentido de nação, nos contextos especiais dos maracatus, é também ampliado no que se entende por nação — território, nação, modelo étnico —, e nação com o sentido de um lugar comum onde se cultivam semelhanças, singularidades e identidades.

A sede do maracatu, local onde são guardados os objetos alegóricos, instrumentos musicais, roupas e bonecas — as calungas —, é também valorizada como nação. Lá as pessoas chegam para vivenciar e manter seus laços de amizade, parentesco, e exercer hierarquias especiais orientadoras do próprio maracatu.

Certamente, o significado dos reis e rainhas, suas cortes e cortejos, dominando uma nação, é a permanência do que é reinado, lembranças dos reinos do Congo, de Angola, de uma África que é recuperada na compreensão comunal, fortalecendo o sentimento de pertencer a um maracatu de nação.

Corte e cortejo

O maracatu é um reinado que vai à rua mostrar sua história, suas tradições e, em especial, a rainha e a calunga, por meio de danças especiais, muitas delas por empréstimo coreográfico dos terreiros de Xangô, que reúnem ampla memória de corpo e de expressão étnica desse corpo.

A rainha é a figura de mando, personagem mais importante do cortejo. A calunga é a relação mais duradoura e fundamental entre o maracatu e a África, aqui vista nas particularidades de cada nação. É uma escultura antropomorfa de madeira, geralmente uma boneca especialmente entalhada, pintada de preto, vestida com roupas e utilizando adereços de metal, madeira e outros materiais.

A calunga representa um orixá. Por isso, é ritualmente guardada por todo o ano e, no período próximo ao Carnaval, passa por sacralizações antes de ser vista publicamente. Quem desfila portando a calunga é um personagem chamado dama do passo, que tem destaque especial no cortejo. Alguns maracatus têm mais de uma calunga e cada uma delas recebe nome próprio. Por exemplo, no maracatu Elefante: D. Emília e D. Izabel.

A corte é ainda formada por rei, príncipes, princesas, nobres, baianas, lanceiros, porta-lanternas, damas-buquê, carregador do pálio, porta-estandarte, caboclos e os batuqueiros, que são os músicos. É importante destacar as diferentes coreografias próprias dos grupos ou alas, que realizam ao mesmo tempo um amplo repertório de danças, sempre orientadas pelo *baque* — polirritmos que dão identidade aos maracatus.

A partir da formação de cada grupo é que se determina se o maracatu é de baque virado ou de baque solto. O de baque virado é uma sequência de polirritmos executada por um conjunto de percussão formado por zabumbas ou faias, caixas-claras ou taróis e gonguês — instrumentos feitos de ferro semelhantes ao agogô, porém em tamanho maior, possuindo uma única campânula, que é tocada com haste também de ferro.

O de baque solto ou de orquestra tem sua formação sobre o conjunto musical do frevo, e conta com alguns instrumentos de sopro e outros de percussão, como gonguê, cuíca e caixas.

Os maracatus chamados de baque virado ou maracatus de nação, maracatus africanos, maracatus de Xangô são os mais antigos e urbanos do Recife e ainda realizam coreografias identificadas como de matriz africana. Por isso vem se tornando crescente o movimento de valorização e criação de grupos de maracatus que buscam exercer a afrodescendência especialmente pela música e pela dança.

O mando é da rainha

Uma rainha domina o cortejo — é a lembrança da lendária Jinga ou Jinga Matamba —, fazendo dos maracatus de baque virado uma manifestação de matriarcado, cujo poder social e político se concentra na mulher.

A memória dessa rainha que dominou a região localizada entre o Congo e o que hoje é Angola, no século XVII, é a constituição de uma história que se une à história de Pernambuco com o ciclo do açúcar.

Foram milhares de homens e mulheres que, exportados como mercadorias, saíram do porto de Luanda, Angola, com destino à costa brasileira, especialmente Salvador e Recife. Nesses primeiros navios, trazendo povos de diferentes culturas em área banto, região austral do continente africano, chegou a mão que plantaria a cana sacarina, cana-de-açúcar, e trabalharia nos engenhos, fabricando açúcar.

O maracatu é um cortejo real, que lembra uma corte europeia, com suas roupas e adereços ocidentais, mantendo, no entanto, a organização africana, comandada por uma rainha, com sua corte e demais personagens.

O mando da mulher no maracatu é também uma extensão do mando religioso feminino nos terreiros de Xangô no Recife. O maracatu é hoje uma comemoração do ciclo do Carnaval, mas já integrou outros ciclos ligados à Igreja, como as festas de Nossa Senhora do Rosário.

As rainhas dos maracatus de baque virado portam coroa, cetro e espada e são protegidas por um pálio — guarda-sol feito de tecido —, geralmente encimado por uma lanterna ou por um símbolo do grupo. Ao lado da rainha vem o rei do maracatu, na verdade uma figura alegórica, seguindo-se de uma corte, formada por ricas baianas, catirinas e lanceiros. Abrindo o cortejo, há um estandarte ladeado por figuras de caboclos.

Famosa no Recife foi D. Santa, rainha do maracatu Nação Elefante, que manteve seu reinado conforme as tradições do maracatu e do Xangô, sendo frequentemente lembrada e tida como um modelo de mando feminino.

Maracatu, festa de todos

Unidade, memória, identidade, tradição — tudo que compõe os maracatus do Recife tem ampliações em movimentos sociais que buscam retomar referências entre o Brasil e a África e, em especial, entre Congo-Angola e Pernambuco.

O interesse regional, nacional e internacional nos maracatus é o reflexo das descobertas coreográficas, rítmicas, musicais, de referências étnicas e estéticas próprias e peculiares desses grupos — nações — que fazem singular o Carnaval do Recife. As festas e todos os momentos de sociabilidades, imanentes aos cortejos dos maracatus, reafirmam suas ações de mobilização, levando o público a interagir, a acompanhar pelas ruas do Recife os desfiles. Com isso, ganham um número cada vez maior de adesões, principalmente aquelas que estão ligadas à dança, pelo acompanhamento do cortejo, experimentando ritmos e formas corporais de expressão, tradutoras de matriz africana.

O maracatu é tão importante para Pernambuco quanto é, para a Bahia, o afoxé. Integrados à festa do Carnaval e profundamente relacionados com as religiões afrodescendentes, ambos realizam coreografias próprias para cortejos de rua.

Participar do Carnaval do Recife é estar em contato direto com a manifestação, é experimentar diferentes rituais dessa festa tão pública e democrática. É um Carnaval vivido na rua, brincando, pois brincar é o mesmo que festejar em inúmeros momentos, no frevo de rua ou frevo de bloco, em caboclinhos, maracatus e outras manifestações, como o coco e o boi, entre outras, todas elas identificadas nas diferentes maneiras de dançar — coreografias —, trazendo formas e estilos tradicionais que constituem aspecto importante do patrimônio cultural.

Homens, mulheres e crianças invadem as ruas das áreas centrais da cidade, em especial o bairro que recebe o nome da cidade, o bairro do Recife, para festejar. Lá, a festa é livre, de rua, e a rua ferve, emociona e mostra como Pernambuco conduz suas tradições nesse Carnaval que é de todos: de todos os sentimentos, de todos os pierrôs, palhaços, índios, mascarados, marinheiros, anjos e diabos revelando nos corpos suas fantasias.

Deve-se dar destaque, no cortejo, a dois personagens femininos, a rainha e a dama do passo, que realizam coreografias especiais. A rainha, como os demais membros do maracatu, desenvolve uma marcha em que o movimento dos braços, semiflexionados, se dá de modo contrário ao das pernas, marcando os passos da marcha com certa ginga que vai para a frente e para trás e mantém o tronco numa postura imponente; também realizam-se giros durante a execução desse movimento e, assim, dá-se a continuidade dessa *marcha-dança*. A dama do passo realiza a mesma coreografia da rainha, contudo, com maior intensidade nos movimentos e, ainda, portando a calunga. Com a mão direita, ela eleva a calunga e, além disso, tem um maior deslocamento por entre as alas do cortejo.

As danças são coletivas e as multidões acompanham os grupos organizados e fantasiados, fazendo com que as ruas se transformem em grandes laboratórios coreográficos de experiências pessoais que são fortalecidas no convívio comunal.

Danças circulares

Nas danças tradicionais há um sentido preferencial, que é o da roda, círculo, uma das formas mais antigas de dançar, talvez a mais antiga, capaz de reunir e de dar movimento aos mais diferentes temas, indo das histórias das caçadas a um relato sobre a criação do mundo.

Seguindo o desenho coreográfico circular, a dança, nessa continuidade de ritmos, de gestos e de dinâmicas, possibilita ativar as memórias e traz com ela um sentimento de união e de fraternidade.

Os povos do mundo têm nas suas danças circulares o sentimento de unidade, de integração, de continuidade da ação motora, experimentada na própria vivência do corpo, que segue de maneira organizada detalhes que vão do olhar até giros em torno de si mesmo.

Destacam-se também na formação circular orientações coreográficas para deslocamentos que se transformam em única fila ou filas, novos círculos, solos, duplas e outras possíveis formações que surgem a partir do círculo.

Certamente, no início as danças circulares eram imitativas de diferentes temas observados na natureza, como os animais, estabelecendo principalmente comunicação, expressão, e determinando, portanto, a linguagem e a estética. O desenho do círculo amplia-se em outras situações do cotidiano, nos objetos, na pintura corporal, nas estampas das roupas, nas plantas das casas, formando assim um rico e variado imaginário que se reflete na vida e que traduz a própria vida.

O círculo, a roda, os movimentos em permanente rotação criam sentimentos e formas de sociabilidade, trazendo experiências coletivas no ato de dançar, de estabelecer contato com o corpo, de sentir uma prática que integra e se unifica na própria coreografia.

Há um elo profundo entre a dança circular e o sagrado. Continua existindo um imaginário do processo permanente e contínuo que caracteriza as rodas, o ato de dançar em roda e seguir o desenho coreográfico do círculo.

Brincadeiras de roda

> *Eu morava na Bahia,*
> *Sereia!*
> *Mudei para o sertão,*
> *Sereia!*
> *Aprendi a namorar,*
> *Sereia!*
> *Com um aperto de mão,*
> *Ô Sereia!*
> *Eu vou me vestir de branco,*
> *Sereia!*
> *Como a garça se vestiu,*
> *Sereia!*

danças circulares

Pra dançar uma quadrilha,
Sereia!
Que um moreno me pediu,
Ô Sereia!
(poesia popular da Bahia)

O sentimento social de participar coletivamente de uma formação coreográfica na roda obedece ao sistema do círculo, de desenvolver gestos, posturas, cantos, *circulando*, igualando aqueles que vivem a brincadeira. São muitas as maneiras de chamar — rodas, cirandas — esses desenhos coreográficos também alternados por fileiras duplas ou uma grande fileira.

Tudo isso faz lembrar e reviver brincadeiras ancestrais, geralmente conhecidas como rodas infantis.

Esses importantes rituais de sociabilidade são retomados em outros momentos da vida, por meio da tão recorrente formação da dança em círculo ou em roda, como a mesa-redonda, a reunião.

Permanece o mesmo sentido de formação única, quando todos, independentemente de gênero, idade, classe social, têm a experiência do igual.

Brincadeiras de mãos dadas igualam ou buscam igualar os participantes. Há um forte sentimento de unidade, de identidade partilhada.

Eram quatro pretinhos,
Todos quatro da Guiné;
Se juntaram todos quatro,
Pra dançar siriricoté,
Siriricoté, siriricoté!
(poesia popular de Minas Gerais)

danças de matriz africana

- **Formação — roda**: crianças de mãos dadas.
- **Maneira de brincar** — as crianças caminham em roda, cantando. Nos dois últimos versos, pulam, dando pequenos passos, sem, todavia, largar as mãos das companheiras.

> *O Pião entrou na roda, ó Pião! (bis)*
> *Estribilho:*
> *Roda, ó Pião! Bambeia, ó Pião! (bis)*
> *Sapateia no terreiro, ó Pião! (bis)*
> *Mostra a tua figura, ó Pião! (bis)*
> *Faça uma cortesia, ó Pião! (bis)*
> *Atira a tua fieira, ó Pião! (bis)*
> *Entrega o chapéu a outro, ó Pião! (bis)*
> (poesia popular da Bahia)

- **Formação — roda**: uma criança no centro e as outras de mãos dadas.
- **Maneira de brincar** — as crianças caminham cantando o primeiro verso. Ao terminá-lo, param e cantam o estribilho imitando a criança que está no centro. Com as mãos na cintura, ela faz uma volta completa no mesmo lugar e se requebra. Assim prossegue a brincadeira que lembra o pião, enquanto a roda gira nas ordens determinadas nos versos. No final, escolhe-se outro participante que deverá substituir o que está no centro.

Em contextos globalizados e de fortes estímulos ao individualismo e ao sedentarismo promovidos pelos recursos da *web*, vê-se como o canto, a poesia, a busca da descoberta do próprio corpo se tornam tão importantes, e isso pode ocorrer nas rodas infantis. São formas de repetir, de lembrar memórias, de vivenciar formas coreográficas que só serão realizadas se partilhadas, experimentadas por todos. Descobre-se o outro; é a introdução aos rituais sociais para verificar as possibilidades do corpo, as maneiras de expressar a criatividade.

Eu vou pilar, eu vou pilar,
Eu vou pilar café;
Ou aqui ou na Bahia,
Onde Deus quiser.

Açucena, quando nasce,
Nasce fora do jardim
Vou pedir a Nossa Senhora
Pra tomar conta de mim.

Eu vou pilar café!
Eu vou pilar café!
Eu vou pilar café!
Eu vou pilar café!
(poesia popular da Bahia)

Ciranda de adultos

Eu estava na beira da praia
Ouvindo a ciranda
Do meu cirandar...

Atribui-se a dança da ciranda a uma tradição indígena, segundo informações orais. A sua formação musical é uma caixa — instrumento de percussão de membrana — e um chocalho cilíndrico — ganzá —, além do canto que orienta as coreografias na roda e que é puxado pelo cirandeiro ou cirandeira. As pessoas que dançam comumente também cantam.

A população que dança ciranda é predominantemente afrodescendente; fala-se, aqui, do Nordeste, região onde as expressões do corpo, mesmo nas coreografias marcadas com o pé batido no chão, mostram malemolência e plástica, certamente experimentadas da matriz africana.

Essa ciranda, que pode ser dançada ao ar livre, na beira do mar, na praia ou em praça pública, no adro de uma igreja, reúne muitas vezes centenas de pessoas que vão brincar, cirandar, num verdadeiro exercício de socialização.

Geralmente, inicia-se a ciranda com uma pequena roda. Aos poucos ela vai crescendo, com a chegada de novos participantes, que vão se integrando a ela, independentemente da formação de pares: masculino e feminino. É tudo junto, tudo misturado — criança, idoso, homem, mulher —, porque o que importa é aquele sentimento da unidade, do círculo, de um infinito rodar orientado por alguns movimentos de braços e marcações de pé. Por vezes, a roda na sua totalidade vai ao centro, ao eixo imaginário daquele círculo, retornando, em seguida, à amplitude original.

Coco de roda

> *Ê bango, bango ê!*
> *Caxinguelê!*
> *Come coco no cocá*
> *Tango arirá, eh! eh!*
> *Eh! oh!*
>
> (poesia popular da Paraíba)

A coreografia do *coco de roda* é muito simples. Fiel à sua possível procedência alagoana, é formada por uma roda de dançarinos que giram da direita para a esquerda, enquanto repetem em coro a *resposta* de coco *tirada* pelo solista, ao mesmo tempo que os da roda, e marcam o ritmo com uma pisada forte. Um dançarino vai para o meio da roda e, com uma umbigada, chama outra pessoa para o solo e assim sucessivamente.

Os formadores da roda têm movimentos lentos, pisam forte no solo, batem palmas e, vagarosamente, circulam ao mesmo tempo que giram o corpo ora para um lado, ora para outro. Os casais do centro dão uma volta completa em torno do próprio corpo e se encontram numa umbigada, em evoluções sincrônicas com o ritmo da música executada. Em seguida, cada qual dá um passo para a direita, depois outro para a esquerda, e gira em torno do eixo do próprio corpo para, ao final, se encontrar frente a frente numa umbigada. E assim recomeçam os movimentos.

A umbigada sofreu estilização, transformou-se. Hoje os dançarinos não encostam realmente os umbigos, como primitivamente sucedia. É comum ficar apenas um casal no centro da roda até que um dos parceiros se canse e retorne à sua posição inicial, junto dos demais dançarinos, enquanto o que ficou sozinho, com uma umbigada, convida outro participante a substituir aquele que se retirou para acompanhá-lo em seus movimentos.

Prossegue assim, interminavelmente, a sucessão de dançarinos no centro da roda pelo mesmo processo ou espontaneamente para a formação de um novo par.

É importante notar que a área tradicional de ocorrência do coco está nas regiões dos canaviais, nos engenhos de açúcar, concentrando-se em Pernambuco, na área conhecida como Zona da Mata. O coco é também chamado de *samba de coco* ou ainda *sambada*.

Roda dos orixás

> *Agô, agolonã,*
> *Agô, agolonã*
> (trecho de cântico ritual do candomblé da Bahia)

Chamada popularmente de roda dos orixás e referência comum para o *xirê*, esta é uma sequência coreográfica que organiza e determina uma liturgia dançada coletivamente.

São os momentos introdutórios de uma festa, de uma cerimônia do terreiro, seguindo-se assim a série de *danças descritivas* de cada orixá ou daquele que chegou para contar suas histórias, mostrar suas características no mundo dos homens e no mundo dos deuses.

A roda dos orixás é o grande momento de socialização do *egbé* — comunidade — do terreiro com as outras comunidades/terreiros visitantes, bem como com o público iniciado ou simpatizante, que pode também participar da *roda*, ou seja, das danças. Assim, o acesso às danças se torna democrático.

Há uma sequência de procedimentos a serem adotados de acordo com o tipo de cerimônia e de festa que é realizado e da hierarquia religiosa das pessoas que vão dançar. Conhecidos esses detalhes, são estabelecidas a forma e a escolha das músicas, dos *toques* de atabaques e dos orixás que deverão participar com o *egbé*, por meio das danças que são verdadeiramente sacralizadoras dos espaços.

As danças legitimam o sagrado e principalmente comunicam, trazem antigas memórias, ancestralidade, mitos fundadores e também a estética ritualizada do orixá, que é consagrado pela sua habilidade, pela performance do bem dançar, atribuindo-se o conceito do pé, pé de dança, que significa capacidade corporal e conhecimento detalhado de cada coreografia.

As rodas são as primeiras formas de adesão ao sistema sagrado, uma verdadeira iniciação à cultura da dança.

Vive-se na roda dos orixás um sentimento pleno de pertença; assim, o canto, a música instrumental e a liberação do corpo para experimentar o sagrado formam a grande adesão da pessoa ao modelo social do candomblé, do Xangô e de outros rituais religiosos afrodescendentes.

Experimenta-se na pedagogia do sagrado, que é formalizada na iniciação do *iaô* — noviço —, um amplo e complexo aprendizado para diferentes temas, destacando-se o ensino das coreografias. Isso acontece em rituais privados chamados de ensaio ou ensaio do iaô, momento em que as posturas corporais e linguagens da revelação do corpo situam o recém-iniciado como conhecedor das danças dos orixás.

É um longo aprendizado que nasce na observação das danças, daqueles que sabem as coreografias ou ainda daqueles que têm grandes habilidades nas danças sagradas, sendo também chamados de pé de pincel.

Tambor de crioula

> Vem vê, vem vê
> Eu demorei, mas cheguei
> Vem vê.
>
> (poesia popular do Maranhão)

Rodar muito. Saias muito rodadas estabelecem diálogos coreográficos com os tambores, fazendo circular a dança por meio da umbigada.

É a dança de base devocional a São Benedito e integrada aos terreiros mina, mina-jeje, e a dança dos mitos encantados, como os caboclos e voduns, que fazem do Maranhão um dos mais fantásticos lugares de uma rica experiência afrodescendente.

Dançar o *tambor de crioula* é também pagamento de promessa, celebração, festa, muitas festas. É dança feminina, enquanto a música instrumental é exclusiva do mundo masculino.

A roda do tambor é um momento especial, é reunião para viver uma noite, um dia inteiro, dançando de pés no chão, levando o santo na cabeça, uma imagem de São Benedito, uma garrafa de bebida, uma cesta de flor que podem estar apoiados sobre um turbante, uma rodilha de pano, ou mesmo sobre o cabelo, mostram as habilidades da mulher que sabe dançar.

O meião — tambor que inicia os toques — marca ritmos especiais, seguido pelo ritmo repicado do crivador, todos percutidos pelos coreiros. O couro recebe o toque dos coreiros com as mãos, quando o meião marca o ritmo e o crivador (tambor grande), no contratempo, indica a *punga* — hora da umbigada.

O meião e o crivador ficam apoiados diretamente no chão. O tambor grande é sustentado por uma correia junto à cintura e há ainda as matracas — pedaços retangulares de madeira —, que são usadas para percutir no corpo, também de madeira, do tambor grande.

Além de girar muito sobre o próprio eixo longitudinal, as mulheres deslocam-se no espaço, privilegiando trajetórias circulares ou um vaivém cadenciado perante os instrumentos, diante dos coreiros, quando há uma total intimidade entre corpo que dança e corpo que toca. Tudo nasce do desejo de expressar fé religiosa nas coreografias, destacando-se as variações de gingado.

Sem dúvida, o desejo comum de festejar une coreiro e dançarina, traz memórias, renova tradições, faz brincar, experimentar a fé dançada, e assim, em cada *punga*, mantém-se um elo entre a África e um Maranhão fortemente afrodescendente.

O tambor de crioula é uma das mais importantes representações das danças de roda e traz elementos comuns ao maior gênero coreográfico, que é o samba, cujas características principais são a umbigada e as inúmeras variações desta.

No tambor de crioula os solos possibilitam criação, sensualidade, como se também as dançarinas realizassem pungas com os instrumentos musicais.

Dançar o tambor de crioula é também um ritual que chama os deuses, muitos, alguns da terra, dos povos que habitam as matas, outros do continente africano, trazendo os sinais de que a dança é festa partilhada no corpo do homem e no corpo que é habitado pelo sagrado.

Ao som dos tambores tudo é possível, há muita emoção, numa entrega de corpo e alma.

Samba de roda

> *O prato dá um sonzinho muito bom no meio do toque [...]*
> (Crispina Maria de Jesus, Mutá, Bahia)

Da cozinha, o samba ganhou o terreiro, o quintal, a sala, a quadra, a rua. Há uma íntima relação entre sambar e comer. Os equipamentos culinários formam uma base de produção sonora: colheres, garfos, garrafas e o prato de louça friccionado pela faca, fazendo a base rítmica do *samba de roda*. É prerrogativa da mulher tocar o prato, sendo a mão que faz a comida a mesma que puxa o samba, tocando e cantando os versos.

O samba é uma extensão corporal das atividades da cozinha: mexer panelas, ralar coco, catar feijão, fritar, bater a massa do bolo, enfim, uma série de posturas que traduz funcionalmente diferentes atitudes, gestos, jeitos, maneiras especiais de viver o corpo.

O samba é momento de culminância de um almoço, uma festa familiar, uma celebração religiosa; é tempo de reunir, de retomar histórias comuns e de viver rituais de sociabilidade.

Para marcar os rituais, o ato de percutir diferentes materiais/objetos é a marca e a identidade do samba, seja de partido, ou de partido-alto. É a panela que é percutida por uma colher ou a faca que percute o copo de vidro, produzindo, assim, sonoridades especiais na batida própria do samba.

O samba chega também para alegrar as pessoas que realizam o trabalho de preparar a comida, de dar de comer aos parentes, amigos e convidados, pois é dança de todos. De mulher, de homem, de idoso e de criança.

Unir comida à dança é uma experiência perfeitamente integrada e fundamental aos encontros, às formas de reativar memórias de matriz africana.

São muitos os estilos e as formas de samba. Contudo, tradicionalmente, o samba de roda expressa um momento lúdico, integrado ao sistema das danças dos orixás. Em alguns outros momentos, identificam-se passos do samba com o gingado das coreografias dos orixás, e tudo convive em um mesmo universo. Após as festas religiosas nos candomblés, serve-se comida, muita comida. A boa festa é também qualificada pela quantidade de comida que é oferecida aos participantes, e aí o samba chega para reforçar as sociabilidades.

No candomblé de matriz afro-baiana, a comida é sem dúvida uma das melhores linguagens na intermediação homem/orixá e homem/antepassado.

Comer não é apenas matar a fome. Nas liturgias do candomblé, comer é principalmente comunicar, pois tudo é marcado por um tipo de comida ou por muitas comidas. As escolhas e quantidades dos ingredientes são intencionais e simbólicas na formalização da comida, pois tudo come e tudo se come no candomblé.

Oferecer comida no santuário — *peji* —, junto a uma árvore sagrada, e compor presentes às águas do mar, dos rios, nas matas, nas ruas são maneiras de estabelecer falas simbólicas fundamentais à compreensão de que comida identifica, informa e assume estéticas peculiares conforme o destino e o sentimento ali integrados. A comida é um dos mais notáveis meios de manter os laços sociais e hierarquizados de uma comunidade/terreiro. E é principalmente a união entre o homem e o sagrado.

Na culinária das festas públicas do candomblé, o ato socializador de oferecer comida ao público visitante e assistente, bem como à comunidade participante, é um momento aguardado por todos. Para muitos, a comida então recebida constitui a principal refeição do dia. Para outros, é momento de experimentar novos ingredientes. Nesses cardápios, destaca-se o azeite de dendê, que é protocolarmente consumido com as mãos.

Nesses banquetes, centenas de pessoas comem simultaneamente em rituais coletivos chamados de *ajeum*.

Certamente, come-se muito e bem no candomblé, essa instituição que vive e transmite patrimônios existenciais na comida de axé e na comida de branco. Sua marca é o sentimento da fartura, fator determinante para qualificar se a festa foi boa ou não.

Ainda integrado ao candomblé e às celebrações familiares está o caruru, um ritual marcante, cuja ocorrência se dá de forma mais destacada no Recôncavo baiano. Fala-se aqui do caruru de quiabos, pois há o caruru de bredo, de vinagreira e de algumas outras folhas. O quiabo, base de muitos pratos de festas ligadas ao samba, marca a culminância do festejo.

O chamado caruru de Cosme tem sambas próprios para louvar os grandes homenageados, os santos Cosme e Damião, os quais ganham caruru de quiabo acrescido de feijão-fradinho com dendê, feijão-preto com dendê, farofa de dendê, inhame cozido, acaçá, acarajé, abará, pipoca e doces, especialmente a cocada. É também servida uma bebida artesanal feita à base de milho, água, rapadura e gengibre, chamada *aluá*. Trata-se de um tipo de refresco, comum nos terreiros de candomblé.

Volta-se aqui aos instrumentos da cozinha, preferencialmente às fontes sonoras dos sambas domésticos ou os que se estendem após as festas públicas dos terreiros.

É o samba que nasce no prato de louça, cuja borda é friccionada por uma faca de metal, acompanhado por palmas que marcam os ritmos, seguido dos versos que convidam para sambar, para continuar o reconhecimento do corpo, espaço tão importante e presente nessa ampla e diversificada afrodescendência. Nesse ponto, privilegia-se, nas coreografias, a umbigada propriamente dita e a partir daí, sucessivamente, as pessoas são convidadas a dançar. Geralmente integram-se os atabaques e o agogô, contando ainda com a percussão de garrafas de vidro, percutidas por talheres ou pelas mãos, que realizam ritmos sobre as mesas de madeira.

> *A baiana deu sinal*
> *Lê, lê, lê baiana...*
> (poesia popular, samba de roda, Bahia)

Eis o tão celebrado e conhecido samba de roda. Livres para execução das coreografias individuais, os dançarinos expõem as habilidades pessoais em busca de um sentido de sensualidade unido ao divertimento.

> *Peneira, meu bem, peneira*
> *Meu Senhor, estou peneirando*
> *O fubá está caindo*
> *A palha é que vai voando.*
> (poesia popular, samba de roda, Bahia)

Samba, sambadô

O que realmente importa é o divertimento, a realização de um corpo livre, expondo maior ou menor vocação e capacidade de requebrar, gingar, girar com o corpo, chegar e dar umbigada, remexer até o chão, dar passos bem miudinhos, no embalo do *miudinho*.

O significado do bem dançar, do bom sambador, une-se à experiência da brincadeira: brincar, festejar, vivenciar o corpo, pois não há ideal estético de corpo magro, corpo gordo, corpo jovem ou corpo idoso, há sim um ritual aberto à participação, à realização autoral de cada passo, gesto, comunicação plena do corpo.

Há, portanto, estilos pessoais de dançar samba: uns mais *espalhados*, em que se executam passos e gestos mais amplos; outros em que o tronco permanece ereto e dão-se passos minimalistas e requebrados sutis; e há ainda os que, por empréstimo, trazem alguns elementos gestuais do candomblé, em especial a ginga do Gexá.

O sentimento de celebração faz do samba uma forma de recorrer ao corpo, ao corpo possível e expressivo, como ocorre no *xirê*, em âmbito sagrado no candomblé. Especialmente socializador, como são, aliás, todos os estilos e formas coreográficas de matriz africana que recorrem aos sinais da memória, o samba marca o lugar da tradição independentemente de gênero ou de idade, vivendo-se o corpo na sua plenitude.

O samba é tido também como um conjunto de linguagens que une canto, dança e gestos funcionalmente organizados para estabelecer comunicação, passar tradição nas comunidades — transmissão pelos mais velhos — e indicar sutilezas, sinais que trazem poder, sexualidade, divertimento e criação.

No caso do samba de roda, tem-se uma sequência coreográfica descritiva da letra cantada, harmonizada com gestos que se apoiam nesse verdadeiro teatro lúdico da expressão livre do corpo, recuperando memórias na afirmação permanente de identidades.

Volta-se ao formato peculiar de dançar samba do Recôncavo baiano, também polo do candomblé que se nacionalizou e ganhou características regionais, estilos autorais e tendências, principalmente estéticas, de pais e mães de santo. É área também da interpretação do *caboclo*, mito nativo e construtor de uma nação de candomblé, chamada *nação de caboclo*, e de um estilo de samba, chamado de *samba de caboclo*.

São muitas as modalidades do samba de roda da Bahia. Seus nomes variam conforme o lugar onde é dançado. O *samba corrido* e o *samba de chula* são os mais frequentes. Suas pulsações básicas estão no compasso 2/4, e as danças no compasso 6/8.

No samba corrido, o canto e os toques ocorrem simultaneamente e várias pessoas podem dançar ao mesmo tempo no meio da roda. No samba de chula, não se dança enquanto os cantadores estão tirando a chula, maneira de chamar a letra do samba.

Quando a chula termina e os instrumentos continuam sendo tocados, não há música vocal. A dança começa com apenas uma pessoa sambando no centro da roda. Ao final da evolução, o dançarino chama com uma umbigada ou gesto coreográfico semelhante a próxima pessoa que vai sambar logo depois que se começar a cantar uma nova chula.

Os cantos que animam o samba de roda são estróficos e silábicos, em língua portuguesa, e muitas vezes feitos de improviso, com provocação de resposta. A estrofe principal pode ser entoada por um ou dois cantores, enquanto a resposta é dada por todos. As estrofes são curtas, em especial no samba corrido, podendo ser de verso único. Em casos raros, vão além de seis versos. Existe um repertório de letras conhecidas pelos participantes que podem acontecer sem acompanhamento instrumental.

A dança no samba de roda é da cintura para baixo, é um quase deslizar para a frente e para trás dos pés e a correspondente movimentação dos quadris. Todos podem dançar, mas as mulheres predominam na dança e os homens no toque dos instrumentos. Quando o homem vai dançar, vai para o centro da roda e faz o seu solo. Vê-se um comportamento com menor gingado, deixando o corpo mais enrijecido, porque o homem não requebra: "Isso é coisa de mulher."

No samba de chula, a coluna vertebral fica ereta, os braços estão soltos, dispostos ao lado do corpo, e o requebrar dos quadris é sutilmente enfatizado por um movimento dinâmico dos pés em contato direto com o chão. Mantendo o ritmo dos pés, sempre juntinhos, os dançarinos realizam passos rápidos, chamados miudinhos, as mulheres rebolam e evoluem sem elevar muito os calcanhares, quase deslizando. Não há uma regra rígida no desenho coreográfico realizado, mas geralmente ele é circular, e o dançarino, por sua vez, gira sobre o eixo do próprio corpo.

O samba corrido mostra-se mais flexível, embora a coluna vertebral também esteja ereta e os cotovelos semiflexionados, conferindo aos braços um movimento coreográfico integrado ao movimento do corpo. Há também o passo do miudinho, que é mais rápido do que no samba de chula. O rebolado impulsiona a direção dos quadris, dos ombros e da cabeça.

No samba de roda do Recôncavo, a viola é tão importante que empresta seu nome à dança, a qual é conhecida também como samba de viola.

Esse instrumento do samba de roda é chamado de machete, construção artesanal de base portuguesa, reconhecido pelo timbre agudo. Seu substituto é a viola paulista, que tem cinco cordas duplas, sendo as três mais graves oitavadas e as duas mais agudas afinadas em uníssono. Outros instrumentos de corda podem aparecer, como o bandolim, quando não há viola. O cavaquinho e o violão são também instrumentos que formam esse conjunto musical. Embora as manifestações musicais afrodescendentes sejam inicialmente identificadas pelos muitos instrumentos de percussão que utilizam, existem outros, vindos também da África (do Magreb — região ao norte e mediterrânea do continente), que identificam essa procedência, como, por exemplo, alguns instrumentos de corda: rabeca, viola, violão, bandolim e, em especial, no caso do samba de roda, uma variação da viola chamada regionalmente de machete, anteriormente citada.

Hoje em dia nós não temos a viola principal, como era antigamente, o machete, uma viola pequenininha, de pau; hoje em dia tem aquela outra viola, que não vai dar a mesma tonalidade, e se quiser machete tem que encomendar no Maranhão, ou em outro lugar. É como o pandeiro de tarracha [sic] que nós tocamos, mas o pandeiro antigo era de couro de cobra e prego. Nós não temos instrumentos adequados, no caso, uma caixa de som, pandeiro, os que nós temos já está tudo velho, os tambores mesmo [...] (Santos, 2008)

Outras modalidades de samba, como o samba de partido ou o samba de partido-alto, cujas letras são muito valorizadas, têm grande apoio nos instrumentos de corda, como o cavaquinho, o bandolim, o violão, o pandeiro, o agogô, alguns membranofones, o tamborim e inúmeras outras fontes percussivas possíveis para os ritmos.

As coreografias certamente seguem as opções criativas e as possibilidades de traduzir no corpo o *estilo* de samba que é realizado. Como há profunda integração entre o samba de roda e a roda dos orixás — *xirê* —, sem dúvida fluem corporalidades e empréstimos coreográficos que dialogam e formam um único universo. Outros estilos contemporâneos como a axé-music, o funk, o arroxa e o hip-hop podem aparecer nas coreografias do samba.

Samba de caboclo

> *Minha cabacinha*
> *Que veio da minha aldeia*
> *Se não trouxer meu mel*
> *Eu não piso em terra alheia.*
> (poesia popular do samba de caboclo, Bahia)

É a modalidade de samba que relata um processo de nacionalização com base nas interpretações e observações sobre a vida dos indígenas, seus procedimentos e hábitos culturais. Integrado ao chamado candomblé de caboclo, é uma verdadeira simplificação litúrgica dos rituais dos candomblés de nação, aqueles identificados como de matriz africana: kêtu, jeje, angola, angola-congo. O samba de caboclo é a louvação da liberdade do dono da terra, da terra brasileira. É a interpretação dada pelos segmentos de matriz africana daquele que representa em síntese o ancestral brasileiro.

Os rituais dos candomblés de caboclo seguem a formação da roda, conforme o *xirê* dos candomblés de nação. Há uma ordem nas danças, mantendo sempre a roda em organização hierárquica como nos demais terreiros.

O samba, nesse caso, é dança de liturgia, como acontece com as diferentes coreografias da roda dos orixás.

Cada caboclo mostra seu estilo, sua história. Por exemplo, o capangueiro se apresenta todo vestido de couro, lembrança do vaqueiro nordestino, e o vestido de pena lembra como os índios adornam o corpo. Contudo, o que os une é a dança vigorosa com umbigada, estabelecendo diálogos coreográficos com os atabaques.

O samba de caboclo é a manifestação organizada no início do século XX, conforme observa Manuel Querino:

> [...] *da convivência íntima com o africano, nas aldeias, ou nos engenhos, originou-se, por assim dizer, a celebração de um novo rito intermediário, incutindo-lhes no espírito ideias novas. Da fusão dos elementos supersticiosos do europeu, do africano, e do silvícola, originou-se o feiticismo, conhecido pelo nome de candomblé de caboclo* [...]. (Querino, 1938)

O samba assume, então, um sentido religioso e lúdico, inseparável, na organização dessa nação, chamada nação de caboclo, que amplia a religiosidade de matriz africana.

Samba urbano

Há sambas tradicionais por todo o Brasil, mesmo quando o nome não é samba. O samba identifica-se coreograficamente pela umbigada. Na sua organização, para se dançar, formam-se a roda e a fileira. Sempre um solista dinamiza a coreografia, convidando outro dançarino para o centro da roda ou para o local determinado próximo à fileira, por meio de uma umbigada ou apenas a simulação de uma umbigada.

Exemplos desse estilo de música são o maracatu rural da Zona da Mata de Pernambuco, que sempre foi conhecido como samba de matuto, e tantas outras maneiras de traduzir o *samba*, como o samba *de coco* ou mesmo uma designação abrangente para danças de matriz africana que é a *sambada*.

Deve-se dar destaque, ainda, ao samba urbano carioca, as manifestações de samba das escolas, que são prolongamentos dos sambas domésticos, familiares, unidos à cozinha, às reuniões para comer, para celebrar dançando, unindo também muitas vezes a fé religiosa do candomblé e expressões de corpo que são atestadoras das mais remotas e fundamentais memórias e de pertencimento a terras de além-mar, da costa, no continente africano.

Compreende-se também o samba como uma forma de louvação aos santos populares, como Nossa Senhora da Conceição, Santa Bárbara, São Cosme e São Damião, o que dá às coreografias um sentido de culto religioso.

O papel das escolas de samba e sua dinâmica no Carnaval carioca foram muito importantes para o estabelecimento do gênero samba no Rio de Janeiro e no Brasil.

O Carnaval tradicional e popular estava organizado em agremiações chamadas de cordões, ranchos e blocos, que também desfilavam ao ritmo do samba. Nessas agremiações, cantava-se de tudo: valsas, toadas do Nordeste, árias de ópera.

O Deixa Falar foi o bloco que deu origem à Escola de Samba da Mangueira. Ao que tudo indica, as primeiras escolas de samba foram oriundas de blocos que executavam o samba como gênero musical dominante.

O samba urbano foi ganhando novo padrão rítmico, marcado por um conjunto instrumental que incluía surdos, cuícas e tamborins. Esses instrumentos foram introduzidos na formação do samba pela turma do Deixa Falar. Nesse contexto, vê-se uma forte presença do samba do Recôncavo baiano no estilo samba de roda, realizado após o candomblé, ou integrado aos almoços de domingo promovidos pelas tias baianas. O pandeiro e o prato de louça que é friccionado pela faca, trazem lembranças de João da Baiana e outros, quando o samba era dançado em forma de roda, com solista, umbigada e muita chula.

O nome Escola de Samba consagra-se no Rio de Janeiro no Carnaval de 1932 e nasce a partir da organização do samba de roda, inicialmente dançado nas casas dos baianos migrados para esta cidade.

O primeiro desfile competitivo do qual se tem registro foi realizado na Praça Onze e amplamente divulgado pelo Jornal *Mundo Sportivo*.

Assim, o Carnaval carioca vai testemunhando o crescimento das escolas de samba, transformando, adaptando e recriando aquele samba fundado na umbigada e que hoje é uma marcha rápida ou rapidíssima, para atender às regras de um desfile oriundo de uma burocracia que põe a invenção popular como um elemento literalmente alegórico.

Jongo

Bendito louvado seja
Rosário de Maria [...].
(poesia popular, Rio de Janeiro)

Do terreiro de terra batida, o bom jongueiro, homem ou mulher, estabelece um elo entre o dançarino e o ancestral do outro lado do Atlântico, na costa africana. Quando puxa o ponto — cantiga de invocação —, sente a África mais perto, podendo cantar em português, quimbundo, quicongo ou em outra língua do macrogrupo banto. Traz lembranças remotas de Angola, do Congo, da região austral, de onde chegaram milhares de africanos na condição de escravos para plantar cana sacarina e fazer açúcar.

Planta o milho de noite e na madrugada colhe a espiga. Esse é o bom jongueiro, que sabe a mandinga, o mistério que é um relato de fé, religiosidade, de antigas tradições, como a própria roda, dando umbigada, louvando os tambores, brincando e crendo nos santos da Igreja misturados com os orixás, com os antepassados que vêm também dançar.

O jongo é dança, é ritual dançado para lembrar os africanos dos engenhos de açúcar, dos plantios e das colheitas do café, das formas de crenças e expressões corporais, unindo fé e festa.

Para muitos, o jongo é uma das mais notáveis bases do samba urbano carioca, unido também ao samba de partido-alto das tias baianas, formando o elo entre festa e orixá, combinados com muita comida e lembranças da chula, das umbigadas do samba de roda de Santo Amaro, Cachoeira e Muritiba, terras do açúcar, do tabaco, do Recôncavo baiano.

Pode-se dizer que o jongo integra um grande grupo de danças de umbigada e, por isso, elas são consideradas formas e expressões do samba.

A dança, em formação circular com solistas e duplas ao centro, revela grande mobilidade — passeio com volteios — e deslocamentos até o local dos músicos, como acontece com o tambor de crioula, o samba de roda e as danças rituais dos orixás, ao mesmo tempo que preserva sempre esse diálogo do corpo com a música instrumental.

No jongo, destacam-se alguns instrumentos de percussão feitos com membrana animal, genericamente chamada de couro. Exemplo disso é o tambor, que se apresenta com um corpo de madeira escavado, afunilando-se na ponta, com encouramento de pele de boi. O músico percute o couro diretamente com as mãos. Para melhor tocar, ele monta sobre o instrumento, que é feito de madeira, assim como o tambor de crioula do Maranhão.

Outro importante instrumento para a formação musical do jongo é o candongueiro, cuja confecção envolve principalmente o aproveitamento de uma barrica de madeira. Também são usadas ripas de madeira e cintas de ferro; o encouramento é feito em uma das bocas. Os toques são percutidos diretamente sobre o couro. O candongueiro é conhecido também como *caxambu*, uma outra maneira de se chamar o *jongo*.

A angoia é outro instrumento do jongo. Feita de cones de lata, folha de flandres, com seixos no interior para servir como chocalho, é conhecida também como pantagome e como machacá, em São Paulo, Minas Gerais e Goiás.

A puíta — caixa de madeira, encourada, com uma haste interna que quando friccionada funciona como uma cuíca — também é um instrumento muito usado em diferentes manifestações musicais e coreográficas de matriz africana. Esse instrumento está em todas as variações do bumba, auto do boi no Maranhão, como também na orquestra do Maracatu Rural de Pernambuco; recebe, também, o nome de onça ou de tambor-onça.

De pé no chão

O corpo é preparado para o contato com o sagrado. Como nas mesquitas, o adepto deixa os pés nus, faz o ritual com a água depositada no chão e, muitas vezes, também a bebe; ou então inicia o seu processo de contato com o sagrado com um banho comum, acrescido de um banho de ervas. Agora o corpo pode iniciar a sua experiência ritual. O corpo está preparado.

Para se dançar no barracão do candomblé é exigido o cumprimento do protocolo e do costume, que mandam que os pés descalços toquem o chão. É um contato direto do corpo com a terra, com o mundo dos ancestrais, pois o *corpo* é o meio e a forma de expressão para a comunicação sagrada.

Os pés tocam e se comunicam com a ancestralidade, a terra — *aiê* —, na concepção yorubá de mundo, e assim estabelecem fortes relações sagradas com as matrizes africanas.

Direto sobre o chão de terra, um contato físico e de grande valor é estabelecido, dando ao corpo uma condição notável de expressão para a realização da dança. Marca-se, assim, o sentido tradicional de comunicação mais eficiente e, por isso, de maior importância.

Vê-se, então, que o contato físico do corpo com os elementos da natureza trazem referências ancestrais. O corpo, em contato com a terra, a água, o ar e o fogo, vive os processos de sacralização, conforme as características de cada orixá. Omolu, o senhor da terra, relacionado aos ciclos agrícolas, é imediatamente homenageado pelo toque das plantas dos pés com o chão; Oxum, a água doce, é também homenageada quando o corpo se banha em água de cachoeira ou de rio. Assim, contatos físicos com elementos que representam os orixás ampliam os significados do corpo e, consequentemente, das danças. Há um forte sentimento sensorial nas inúmeras coreografias que relatam as histórias dos orixás.

Com isso, vê-se um corpo mais liberto do sentimento dominante ocidental cristão — corpo dominado por culpa e pecado no qual habita uma alma que deverá ser salva.

Nos terreiros de candomblé, retirar os sapatos dos pés é uma atitude ritual que representa respeito e devotamento aos orixás. Estar com os pés no chão demonstra, também, uma preparação para as coreografias que contam as histórias dos deuses.

Ainda de pés descalços, são experimentadas diferentes ações, como entrar nos santuários ou, então, ao se fazer o cumprimento obrigatório às pessoas da alta hierarquia, realizar de maneira adequada o *icá* ou o *adobale*.

Durante o longo período de iniciação, o *iaô* — noviço — é distinguido pelo uso do *xaorô* — tornozeleira de palha da costa trançada com guizo — e também por estar na maioria das situações do terreiro com os pés descalços.

Os pés nus demonstram diferentes situações sociais e religiosas na compreensão geral do que é sagrado, do que deverá ser respeitado em razão do costume, como, por exemplo, em todos os cumprimentos e experiências em espaços privados, na realização das coreografias etc.

As danças dos orixás exigem total apoio dos pés, das plantas dos pés sobre o solo, aspectos característicos das sequências coreográficas e de outros movimentos que compõem o *xirê*.

Ara Layó
O corpo da alegria

Se os europeus recém-chegados ao Brasil Colônia viam e estranhavam o cenário, e chamavam todo tipo de música ou dança de matriz africana de *batuque*, há de se compreender inicialmente que, diante do que é diferente, o impulso primeiro é passar pela banalização dos fatos, os quais se encontram sedimentados no desconhecimento, na xenofobia e no preconceito, principalmente.

Músicas, estilos, formas coreográficas identificadas como africanas, de negros de nação, de crioulos foram perseguidos pela Igreja por serem considerados licenciosos e imorais do ponto de vista do poder religioso unido ao poder do Estado.

Movimentos contínuos que destacavam as ancas, requebros que revelavam novos conceitos de sensualidade, ora em agachamentos até o solo, ora em umbigadas que levavam ao roçar de ventre com ventre, balanço rápido dos seios, mãos sobre as coxas e projeção dos quadris, eram movimentos que declaravam a existência do corpo.

Os africanos e seus descendentes, despojados de qualquer referência material, contavam somente com o corpo e a memória, que traziam como referências, revivendo e reativando identidades no contexto perverso da escravidão no Brasil.

Marcas por escarificações, tatuagens, lembranças e outros sinais do corpo, intransferíveis, individualizavam a pessoa, seu lugar, seu papel social.

Sem dúvida, o corpo é o principal instrumento de transmissão e de expressão pessoal e coletiva, porquanto comunica patrimônios traduzidos nas inúmeras possibilidades das danças.

São muitas as ações repetidas das tradições ancestrais, outras foram adaptadas, algumas criadas ou fundidas, mas têm sempre no corpo possível, no corpo do trabalho, o principal elemento-base para realizar, nos momentos permitidos, a celebração da pessoa com a sua história, sempre marcada pela música e pela dança.

O corpo do trabalho exigia principalmente força física dos homens, e, das mulheres, um corpo voltado às habilidades manuais: fazer renda, costurar, cozinhar, lavar, limpar, vender comida e outras atividades nas ruas, instituindo, assim, os chamados ganhos.

Posturas esperadas de homens e mulheres determinam também espaços corporais, expressões que certamente traduzem o lugar social do trabalho, da religiosidade, da festa, enfim, da criação dos gestos nesses novos imaginários afrodescendentes.

Para o homem, o corpo é trabalhado no exercício forçado que ocorre nas cidades: transportar e carregar, no chamado "ofício de canto" (século XIX) — negros de canto —, um tipo de ganho em que havia o transporte de objetos volumosos, como móveis, ou ainda nas feiras e mercados, realizando todo tipo de tarefa necessária.

Nesses contextos urbanos, o corpo ágil é o corpo necessário para o exercício cotidiano que requer força física, como também em espaço rural, nos engenhos, na agricultura, na mineração, ou mesmo engrossando as fileiras militares; e, ainda, no exercício de diferentes tecnologias artesanais, serviços ambulantes, entre outros.

Carregadores dos trapiches, da estiva, levando sacos de açúcar na cabeça, exigindo equilíbrio e demais habilidades próprias do ofício, representam verdadeiros treinamentos para a definição de corpos, de musculaturas desenhadas pelas repetições dos movimentos, no cotidiano de um trabalho físico, na busca de uma força de tração humana com desejo de tração animal.

Estes corpos são construídos a partir das repetições das posturas, dos ofícios, nas ações que requerem o próprio ofício praticado, e das habilidades pessoais que definem na maioria das vezes uma identificação por certos tipos de danças.

Empréstimos dessas possibilidades físicas ampliam-se para outras formas e expressões gestuais, trazendo às danças das festas e, consequentemente, às danças religiosas ou àquelas classificadas como de roda, momentos de liberdade, de recuperação de repertórios do próprio corpo, para então viver um corpo feliz — *Ara Layó* —, pleno de identidade na pertença a uma tradição, a uma civilização.

É o mesmo corpo do trabalho que se expande na brincadeira e na devoção religiosa. E é esse mesmo corpo que vai se construindo em inúmeros processos comunicativos e socializadores.

O corpo sinalizado

Num mundo impregnado de religiosidade cristã, o corpo não é, para todos, senão um habitat temporário de uma alma imortal.

> Tristemente sexuado, verminado para sempre, voltado à corrupção e encerrado em si, esta alma, o corpo pode — na melhor das hipóteses — passar de um instrumento a serviço da salvação, salvação pessoal e salvação comunitária [...]. (Jacques Gelis, 2008)

Fala-se aqui de outro conceito e compreensão de corpo, de formas de representar e de comunicar: por gestos, pela sutileza de olhares, pelos detalhes das mãos; são muitos os sinais que servem para dizer as coisas do cotidiano, da festa, distinguindo, assim, hierarquias e gêneros que marcam estilos e formas de dançar de matriz africana.

No âmbito do corpo que dança, que é o mesmo que traduz profissões, formas de trabalhar, caminhar, vê-se um corpo organizado simbolicamente que se comunica e que se integra a diferentes espaços, como o do lazer, o da rede de dormir, o da esteira de trançado de ouricuri, conhecida como esteira nagô, fluindo sinais e características de comportamento e de revelação de pertença a um segmento africano.

O corpo é ritualmente preparado para, desse modo, estar pronto para realizar os gestos, as posturas e demais comportamentos que determinam o lugar da dança em âmbito sagrado. Então, o corpo é sinalizado simbolicamente nos braços, punhos, tornozelos e cabeça, com objetos, e em alguns casos com pintura corporal, para assim habilitar este corpo para a dança. É uma compreensão do corpo/movimento coreográfico integrado com o sagrado.

Nos espaços sociais e religiosos dos terreiros, no caso o candomblé, o corpo é sinalizado por objetos, pinturas e escarificações.

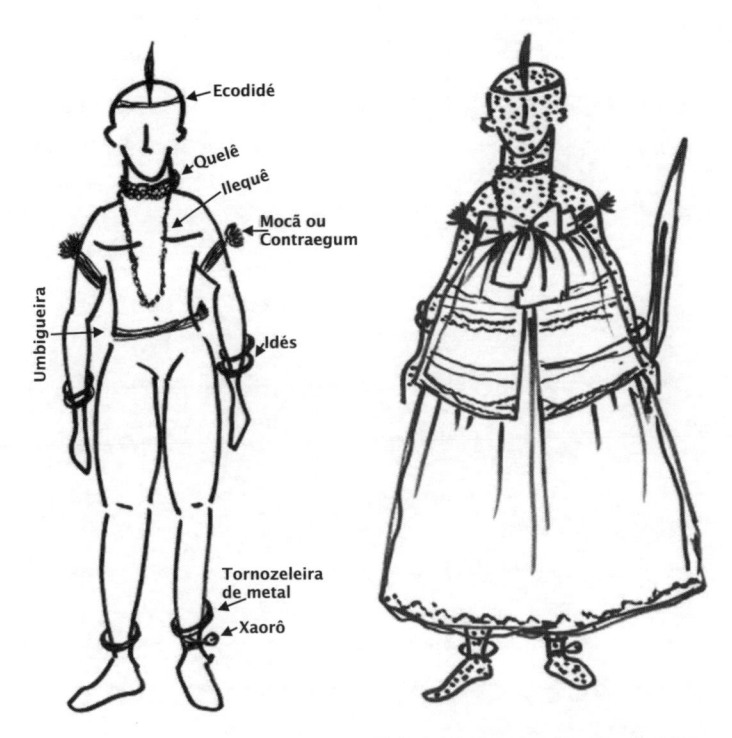

(*Iaô* — noviço — pintado de *efum*, pigmento natural do caulim [branco], podendo ainda ocorrer com outros pigmentos naturais: *uagi* [azul] e *ossum* [vermelho]. O corpo está sinalizado no rito de passagem entre a vida e a iniciação religiosa no candomblé).

A identidade do som
Instrumentos musicais afrodescendentes

Olukoso,
Meu pai que dança
Aqui está o bàtá
Aqui está o mistério de Xangô
(*oriki* do orixá Xangô, cultura yorubá)

No âmbito do sagrado, nos terreiros, nas festas, nas ruas, nas casas, nas atividades profissionais e em tantos outros momentos de sociabilidade, vivem-se, de maneira diversa e complexa, sonoridades que apontam, identificam e remetem às memórias ativas de uma ampla afrodescendência que se afirma, se mantém e se transforma na construção permanente de um corpo brasileiro.

Aí, nesse território patrimonial, democrático, de todos, as identidades constituem bases ao direito cultural, ao direito à diferença, ao direito à cidadania.

Entende-se o rico acervo sonoro afrodescendente nos seus múltiplos entornos sociais, econômicos, históricos e culturais, agindo, intervindo e convivendo com tudo mais que forma e coforma o lugar e o significado da singularidade.

Os sons de matriz africana estão no dia a dia das cidades com os cantos de trabalho que anunciam principalmente comida: pregões do acarajé, abará, mingau de carimã, do acaçá de leite, entre outros.

Há também os cantos que anunciam o trabalho de edificar casas, geralmente de taipa, barro. São os mutirões, trabalhos coletivos e socializadores. Esses sons das ruas são ampliados nos tempos das festas com os rituais públicos para louvar Iansã, Oxum; e, Xangô nos maracatus de baque-virado, maracatus africanos ou de nação, onde são entoadas as loas, e com a percussão dos gonguês, das zabumbas e das caixas.

Os afoxés com os repertórios dos candomblés ijexá exibem instrumentos como os *ilus*, os agogôs, as cabaças ou os afoxés.

Nesse contexto público e urbano, também se destaca a capoeira como expressão de matriz africana no cotidiano, especialmente identificada nos toques do berimbau.

O berimbau é chamado de *nrukumbu* ou *rucumbu* pelos Lunda, Kinje e Bangalas. Possui uma cabaça acústica, uma corda e uma vara de madeira. É acrescido de outro instrumento de percussão chamado de *kasaka* (chocalho) pelos Baluba, Quicongo, Mococolo e Damba, sendo o nosso caxixi. Todos esses grupos etno-culturais localizam-se em Angola, região centro-atlântica do continente africano.

O tambor é um instrumento dominante no canto e na dança do tambor de crioula do Maranhão; no jongo e no caxambu que ocorrem nos Estados do Rio de Janeiro, São Paulo e Minas Gerais; no samba de roda do Recôncavo da Bahia; e no zambê — variação da dança do coco — no Rio Grande do Norte. Ele apresenta-se em diferentes tipos, e com maneiras próprias de percutir esse tipo de instrumento, membranofone, que é genericamente chamado de tambor.

A boa combinação do samba com o feijão é um dos temas mais marcantes das sociabilidades nos territórios afrodescendentes. Pois, sem dúvida, a união da dança com a comida adquire um lugar privilegiado na construção e na afirmação das identidades de matriz africana.

Assim, os sons integram-se às comidas, que também se integram ao imaginário de formas, símbolos, cores, texturas, cheiros, folhas, roupas, adornos corporais, penteados, arquitetura, entre muitos outros elementos, especialmente a dança.

Os sons afrodescendentes estão também no português que falamos, no canto, na identificação dos objetos do cotidiano, nos timbres e nas intensidades, que geram um imediato processo de comunicação e de adesão ao ritual, ao samba, ao afoxé, ao maracatu, ao bloco afro, e a tantos e tantos outros temas que asseguram identificações de fatos sociais reconhecidos por sonoridades singulares e, por isso, detentores de identidades.

Nada melhor para marcar os ritmos de um samba de roda do que uma faca de cozinha friccionada na borda de um prato de louça ou então as roupas rituais do candomblé com os seus guizos; os pingentes metálicos dos *abebês*, do *opaxorô*; as pulseiras, *idés*; o xaorô de um iaô, todos emitindo sons, todos reportando a sonoridades sensíveis e de reconhecimento próprio na produção afrodescendente.

Sabe-se que as fontes emissoras de sons são múltiplas e por isso geram maior variedade de opções sonoras, além dos convencionais instrumentos musicais.

Durante o período do Estado Novo, na década de 1930, houve uma grande perseguição policial voltada contra os sítios e as manifestações afrodescendentes: capoeira, samba, candomblé, entre outros. Por isso, muitos e importantes momentos da vida litúrgica dos terreiros ocorreram com a camuflagem dos atabaques e dos toques, polirritmos, que eram executados com as mãos percutindo partes do corpo. O som atingia seu sentido litúrgico e, assim, as fontes emissoras dos atabaques sagrados foram transferidas para uma percussão corporal, tão verdadeira e sensível como tudo que fala e flui nesse amplo texto da história experimental afrodescendente no Brasil.

Não apenas de uma África, mas de distintas e diferentes "Áfricas" geraram-se matrizes que vivem e são interpretadas, recriadas e preservadas em âmbito nacional. Dessa maneira, entende-se a pluralidade africana dos territórios-matrizes da África Ocidental, em especial o Golfo do Benim, da África Austral, da África Oriental; e, ainda, os movimentos e a plasticidade sonora afro-islâmica — região Magreb. O Magreb chega marcando, decisivamente, a sua presença por mais de sete séculos na Península Ibérica —

a identidade do som 89

Portugal e Espanha —, de 711 a 1482, coformando a música portuguesa, profundamente euro-islâmica, que se junta, a partir do século XVI, no Brasil, com outras matrizes afro-islâmicas subsaarianas; reforçando e ampliando, assim, os repertórios na construção permanente das nossas sonoridades.

O atabaque, do árabe *atabal*; a rabeca, do árabe *rabab*, instrumento de corda ancestral do violino; o adufe, do árabe *alduf*, também ancestral do pandeiro; entre muitos outros instrumentos musicais unem-se as maneiras de entoar, colocar a voz, e atingir microtonalidades que vão além do sistema tonal ocidental. É a evidente presença Magreb na nossa cultura. Aí, muitos cânticos dos candomblés, o mina do Maranhão, os aboios dos vaqueiros do Nordeste, atestam juntos e referenciam essas diversas e integradas sonoridades que fazem o som brasileiro.

Tudo certamente converge para inclusões e formas que assegurem direitos de expressão, de comunicação, como informa Ola Balogun sobre a arte africana e, por extensão, sobre a arte afrodescendente. Aqui a arte reside no elemento de comunicação, embora dependa de uma perfeição formal. Fala-se então de uma arte de comunicação, e não de uma arte de execução.

Assim, falamos de sonoridades e não essencialmente de música, embora os conceitos tradicionais tenham pontos bem-localizados, formalizando estéticas e execuções que integram aprendizados bem-organizados, como dos instrumentistas, músicos dos candomblés, na experiência da pedagogia iniciática dos alabês, runtós, xicaringomes, conforme as nações específicas, indicando estilos e maneiras de percutir os instrumentos.

Diálogos: música e dança

Nas muitas e diferentes danças de orixás, incluindo-se as cerimônias mais internas e privadas até as que são públicas, comunais, há um intenso diálogo entre os músicos, geralmente seguindo uma formação de três atabaques: *rum*, *rumpi* e *lé*; um agogô, uma cabaça ou afoxé.

Obrigatoriamente, há alguns roteiros seguidos em qualquer coreografia de orixá, estabelecendo-se uma comunicação/cumprimento com os músicos instrumentistas. Outro lugar do roteiro dos cumprimentos está no centro do salão, onde há uma sinalização representada por um mastro chamado *ixé* ou por algum outro elemento arquitetônico. Diz-se ser um tipo de local irradiador do axé daquela comunidade/terreiro. Ainda, a porta principal e o lugar de mando onde se encontram as cadeiras especiais ocupadas pela alta hierarquia do terreiro devem receber cumprimentos, seguindo-se, então, as coreografias específicas.

A principal orientação das coreografias está no músico instrumental, que estabelece dinâmicas e acentos que orientam as coreografias, suas repetições e os demais sinais que são diretamente integrados ao corpo de quem dança.

Também, a música vocal é um importante elemento orientador da dança, assim como o sinal sonoro do *adjá* — tipo de sineta feita de metal —, que indica o som do poder e do mando social e religioso, sendo um elemento de condução e de localização das coreografias, e das muitas sutilezas que serão sempre realizadas a partir das habilidades do dançarino.

Os sons são orientadores das coreografias dos orixás. Neles também se incluem as palavras faladas, o *paô*, tipo de cumprimento, e outras ações que possam compor e organizar o corpo para experimentar a complexidade de cada core-

a identidade do som 91

ografia, de cada movimento que é formalmente organizado e assim transmitido para garantir identidade, estética e comunicação interativa com os instrumentos e com aqueles que assistem às danças.

Destaque para a corporalidade dos alabês, músicos, e a maneira como eles se apresentam na condução dos rituais internos e públicos das comunidades/terreiros. Tocar os *couros* exige muito mais do que apenas o conhecimento dos ritmos e das sequências do *xirê*.

A ação de percutir os atabaques está na habilidade corporal desses músicos instrumentistas, a qual se dá como uma verdadeira dança que acompanha os diferentes momentos dos toques.

Sem dúvida, há o sentimento integrador entre o corpo e o instrumento que buscam formar única voz. Vozes dos couros, do ferro, da cabaça e do próprio corpo. É a total integração entre os instrumentos e as coreografias. Há uma liberdade criadora na produção dos sons e dos recursos que cada instrumentista terá, dando reconhecimento aos seus estilos musicais.

Os muitos movimentos corporais dos músicos categorizam tendências e escolas de mestres alabês, que vão transmitindo suas técnicas de como interpretar e executar melhor os toques.

Cada instrumento musical funciona em um diálogo sonoro com o corpo, fundamentando dança, estilo e tendência própria da habilidade de cada dançarino.

Agogô

Agogô é um instrumento formado por duas campânulas de ferro batido, podendo ser cromado, complementado com uma vareta do mesmo material como elemento percussor.

Ocorre na formação de conjuntos como os da música religiosa dos candomblés, xangôs, ou ainda na estrutura de grupos de samba e na macroformação da bateria das escolas de samba, com variações, tal como uma haste central que sustenta lateralmente quatro, seis, oito ou mais campânulas de ferro que são percutidas alternadamente.

O agogô tradicional apresenta uma campânula maior e outra menor, sendo esta um terço da anterior; elas são distinguidas por timbres e alturas específicos. Com o artifício de usar um dos dedos, geralmente o polegar, o músico pressiona a campânula maior, fazendo com que o som fique mais surdo e grave.

Dos idiófonos, o agogô é o de maior ocorrência e abrangência na geografia da música afro-brasileira.

No conjunto instrumental do candomblé, por exemplo, o agogô inicia os *toques*, polirritmias que identificam nações ou orixás, voduns e inquices. Assim, no modelo yorubá, há o toque do *alujá* para Xangô, o *bravum* para Oxumaré, o *ilu* para Oiá ou Iansã, o *ibi* para Oxalá. Na nação angola, os principais toques são *barravento, cabula* e *congo*.

O agogô dita uma frase rítmica que é imediatamente seguida pelos três atabaques, podendo ser complementada com as cabaças ou afoxés, e ainda com palmas, entre outras fontes sonoras.

Num caso específico, foi constatada em São Luís, Maranhão, no terreiro Fanti-Achanti, uma obrigação ritual-religiosa de alimentação do agogô, com o oferecimento de acaçás feitos de feijão-preto para homenagear o dono do ferro, o orixá Ogum, dono também do instrumento.

O instrumento é conhecido também como gã, ferro ou longa.

Como acontece com o gonguê, o agogô pode ser incluído nos assentamentos de Ogum, especialmente por ser um objeto feito de ferro — elemento básico desse orixá.

Atabaque

Tradicionalmente um instrumento musical muito simplificado, confeccionado com couro animal esticado sobre aro de madeira ou caixa oca de madeira, o atabaque tem como parte principal justamente o couro, ponto em que é realizada a percussão.

Na confecção do atabaque, além dos critérios na seleção da madeira e outros acessórios, o ato de encourar o instrumento é tarefa das mais importantes, o que garantirá o bom uso da percussão. Assim, o encouramento poderá ocorrer de várias formas: esticando-se a pele por tachas, cordas presas em aros de ferro calçados por pedaços de madeira (cunhas) e tiras de couro, cordas de náilon, pinos de madeira ou *sô*, e por parafusos e tarraxas.

No corpo do atabaque, convencionalmente feito de madeira, quase sempre são usadas ripas presas por pregos de ferro, cola e aros também de ferro; na verdade, trata-se de uma caixa de ressonância afunilada. Também se encontram atabaques com o corpo em peça única de madeira escavada a fogo.

O aspecto formal do atabaque pouco mudará, mesmo sendo confeccionado pelos processos artesanais.

Pode-se observar que, na música religiosa afro-brasileira, os atabaques mais antigos, aqueles centenários, encontrados em alguns terreiros de candomblé na cidade de Salvador, são os de caixa monóxila por escavação a fogo.

Os de ripas de madeira são os mais comuns e, portanto, os que são comercializados em lojas de instrumentos musicais. Nesse caso, os acabamentos são mais simplificados, ou seja, são empregadas tarraxas de metal para esticar o couro, o que torna os timbres menos próximos daqueles tirados de instrumentos encourados por processos tradicionais.

A qualidade dos couros para a percussão dependerá fundamentalmente do grau de retesamento na boca superior do atabaque. O retesamento pode ser feito pelo processo de aquecimento do couro diretamente no fogo; pelo ajustamento de cordas e tacos de madeira, utilizando-se maceta também de madeira; ajustando-se as tarraxas de modo a ficarem próximas à boca; ou ainda por processo mais raro, porém ainda encontrado, que é o de bater pregos de madeira próximos à boca principal, para esticar as tiras de couro. O atabaque mais tradicional, no Recôncavo baiano, é chamado de sô, atabaque de sô, cravilha ou pino de madeira.

O corpo do instrumento pode ser lixado, pintado em cores especiais, envernizado ou encerado.

A durabilidade do atabaque é longa, pois quase sempre são utilizadas para a sua feitura madeiras de lei, ou seja, madeiras nobres, não vulgares.

No entanto, já foram encontrados de forma restrita, na região Nordeste, atabaques confeccionados em toras de coqueiro (*Acrocomia sclerocarpa*) pelo processo de escavação a fogo.

O corpo do atabaque é peça básica, mas os acessórios — cordas, tacos de madeira, aros de ferro, tarraxas e o próprio couro — são repostos periodicamente, em virtude da necessidade de manutenção do instrumento. Raramente a caixa de ressonância é substituída, porque é uma peça de maior durabilidade, sendo também sagrada.

O atabaque atende aos usos mais diversos, indo das práticas secretas nos santuários dos candomblés até as festas públicas. Por isso, os tratos e os significados que tem o atabaque vão variar de acordo com os desempenhos nas danças, cortejos e práticas religiosas internas; o instrumento ocupa, assim, um lugar de destaque nas manifestações populares afro-brasileiras. No seu âmbito sagrado, o atabaque está decisivamente incluído no sistema sociorreligioso do candomblé.

O atabaque não será apenas um instrumento musical; ele ocupará o papel de uma divindade e, por isso, será sacralizado, alimentado, vestido; possuirá nome próprio e apenas sacerdotes e pessoas de importância para a comunidade poderão tocá-lo e usá-lo nos rituais.

O instrumento fora do seu âmbito sagrado passará a valer pelos resultados sonoros, marcando, na maioria dos casos, a base rítmica de conjuntos, acrescidos de pandeiro, agogô, berimbau, entre outros. Assim, o atabaque é indispensável no samba e na capoeira, bem como em cortejos de rua, como o afoxé, ou em outras danças, como o jongo, no estado de São Paulo, e o carimbó, no estado do Pará.

Por tudo isso, o atabaque é um dos mais populares instrumentos musicais do Brasil, de verdadeira abrangência nacional, especialmente nos polos de concentração etnográfica de base africana, como as cidades do Rio de Janeiro, Salvador, Recife, São Luís, Aracaju, Maceió e Belém.

Em virtude dos diferentes usos, o atabaque mudará de nome, sendo chamado geralmente de *tabaque* ou *tambor*.

Os atabaques nos terreiros de candomblé são chamados por três nomes básicos: *rum*, *rumpi* e *lé* ou *runlé*, respectivamente grande, médio e pequeno. O *rum* é o atabaque que possui o registro grave; o *rumpi*, o registro médio; e o *lé*, o registro agudo.

Para um melhor conhecimento do atabaque, é importante conhecer o modo de construção desse instrumento tão importante. Confeccionar um atabaque implica o conhecimento do ofício de carpinteiro e de sacerdote. Há uma necessidade do domínio tecnológico em trabalhar madeiras, tratar o couro e, também, acompanhar os rituais de passagem na sacralização do instrumento, que atingirá papel de divindade.

Quase sempre a madeira já chega aparelhada, serrada no tamanho desejado, e a mais empregada é o pinho (*Araucaria angustifolia*). As ripas são arrumadas em forma cônica e presas por pregos e aros de ferro em três pontos distintos: o primeiro, na boca inferior, parte mais estreita do corpo do instrumento, que é a saída do som; o segundo, no meio, serve para comportar as cordas e os tacos de madeira (cunhas); o terceiro, na boca superior (prato), onde são fixadas as cordas utilizadas para o encordoamento, que pode ser feito com cordas de algodão (*Hibiscus furcellatus* Desr.), de sisal ou de agave (família das *Amarilidaceas*). Os tacos de madeira (cunhas) são feitos de pinho ou cedro (*Cedrela fissilis*).

O couro é um elemento que requer grande preparação de ordem artesanal e litúrgica. Vem quase sempre do sacrifício de gado caprino e raramente do gado bovino.

Após o ritual do sacrifício, que é função masculina, como a própria música religiosa, o couro do animal é retirado e posto a secar ao ar livre, disposto em armação de madeira improvisada ou arranjado por pregos na parede externa de algumas das construções do terreiro.

Após um período de três ou quatro dias, parte do couro é colocada na boca superior do atabaque com encordoamento preso ao aro de ferro que está no corpo do instrumento. Com o uso de uma faca, o instrumentista-artesão raspa os pelos do couro, já devidamente retesado, deixando mais liso o local da percussão, onde é comum a aplicação de porções de azeite de dendê. Se o atabaque for de Oxalá ou a ele dedicado, não será empregado o dendê, mas outro tipo de óleo.

O couro untado ficará mais macio e resistente, segundo os instrumentistas. Ainda assim, o atabaque não está pronto para o desempenho das suas funções religiosas, pois terá início então a cerimônia de sacralizá-lo.

A cerimônia de *dar de comer aos atabaques* acontece no interior do terreiro de candomblé, sendo prática assistida pelos iniciados mais graduados, incluindo-se o grupo de instrumentistas.

Sobre esteiras feitas de fibra natural trançada são dispostos os instrumentos na ordem: *rum, rumpi* e *lé*; em seguida, diante do atabaque *rum*, o maior e, portanto, o mais importante do trio, são depositados os alimentos.

Após um período de um a três dias, as oferendas são retiradas das esteiras e os atabaques são levantados em cerimônia que conclui a sacralização. A partir disso poderão cumprir suas funções de cunho público e privado no terreiro. No entanto, eles não podem ser percutidos imediatamente, pois terão de permanecer por alguns dias descansando, como num verdadeiro resguardo ritual, semelhante ao corpo do iniciado.

Na época das festas, cada atabaque é *vestido* com uma tira de pano colocada no corpo do instrumento e arrematada com um laço. Essa faixa é chamada de *oujá* ou *ojá* — tira de qualquer tecido, com aproximadamente 2 metros de comprimento por 30 centímetros de largura, nas cores votivas das divindades principais do terreiro ou dos atabaques. Esse ato de vestir o atabaque é prerrogativa de pessoas iniciadas, podendo ter participação feminina, aliás uma das raras participações da mulher no âmbito da música do terreiro.

O músico-instrumentista, na hierarquia do candomblé, é da maior importância. Ele estabelece, pela música, contatos com os deuses africanos e participa de quase todos os rituais secretos e públicos. Faz parte das suas atribuições saber tocar os ritmos para os momentos das liturgias e cuidar dos atabaques, alimentando-os periodicamente e vestindo-os nos dias de festa.

A música executada pelo trio de atabaques está assentada num rígido conhecimento de polirritmos chamados *toques*.

Cada toque é executado pelo conjunto dos três atabaques e por um agogô, podendo aparecer ainda a *cabaça* ou *afoxé* — instrumento de percussão idiofônico formado por um fruto chamado cabaça (*Crescentia cujete*, L.) que é recoberto por uma rede de contas, sementes ou búzios cauris. O toque é iniciado pelo agogô, que reproduz uma frase rítmica e, em seguida, entram os atabaques. Havendo afoxé, ele também será utilizado.

Nos candomblés que seguem os modelos dos rituais kêtu-nagô (sistema etnocultural de predomínio yorubá), os músicos dos atabaques são chamados de *ogãs alabês*; entre os seguidores dos rituais jeje (fon) são chamados de *runtós*; e entre os seguidores dos rituais angola-congo (banto) são chamados de *xicaringomes*.

Além dos tamanhos dos atabaques e dos diferentes toques, outros fatores contribuem para uma melhor compreensão etnográfica do instrumento, como por exemplo as diferentes formas de percutir os couros, tal qual acontece nos candomblés kêtu e jeje, cuja execução se dá com baquetas improvisadas. Feitos de pedaços de galhos de goiabeira (*Psidium guayava*) ou de araçazeiro (*Psidium littorale*), os aguidavis, como

a identidade do som 99

são chamados, são preparados pelo próprio músico. Para percutir os atabaques *rumpi* e *lé*, os músicos usam dois aguidavis, medindo cada um aproximadamente 30 centímetros, enquanto o *rum* é tocado com um único aguidavi, mais grosso e maior (com cerca de 40 centímetros). Nos candomblés angola-congo, os três atabaques são percutidos com as mãos diretamente sobre os couros, não havendo o uso de aguidavis.

Após a pintura de uma determinada cor que estabelece o vínculo com um deus, ela deverá permanecer para sempre, não podendo o músico ou a direção do terreiro trocar ou alterar os sinais visuais do instrumento.

No interior dos barracões, são destinados locais especiais para os atabaques. O trio de atabaques ocupa um tablado feito de madeira ou tijolos, protegido por um pequeno muro, por cordas ou por qualquer outro aparato que dê ideia de privacidade aos músicos e que ao mesmo tempo mostre em destaque o local onde a música religiosa é produzida para a comunidade e, principalmente, para as danças.

O local dos atabaques é também referência para o ato de cumprimento de visitantes ilustres, quase sempre anunciados ao se dobrarem os couros, dizendo a todos que pessoas de prestígio entraram no barracão.

Disse uma vez um antigo alabê: "Os três atabaques são uma só coisa: o *rum* é a cabeça; o *rumpi*, o corpo; e o *runlé*, as pernas, formando um só corpo."

Entre os principais toques que formam o elenco da música sagrada temos os seguintes nomes de acordo com as nações:

- **Kêtu (yorubá):**
  Ramonha; ijicá ou jicá; agueré ou aguerê; opanijé; daró ou illu; alujá (toque que é composto pelo "roli" e pani-pani); ibi

- **Jeje (fon):**
  Bravum; sato; avamunha; adarrum
- **Angola-congo (banto):**
  Congo; cabula; barravento

Os atabaques na sua formação *rum, rumpi* e *lé* são os mais eficientes elos entre a música e a dança sagrada do candomblé.

Cabaça ou afoxé

Instrumento de percussão idiofônico, também conhecido como *cabaça* ou *águe*, é formado por uma cabaça bojuda e recoberta, tradicionalmente, por uma rede de fios de algodão, ou de náilon, adornada com contas, búzios e sementes, entre outros materiais.

O afoxé integra diferentes contextos da música ritual religiosa afrodescendente e nomina um cortejo de rua, no período de Carnaval, sendo o cortejo também conhecido como candomblé de rua.

Os ritmos da nação ijexá seguem o *xirê* — ordem dos cânticos e danças —, iniciando com Exu e culminando com Oxalá.

O contexto instrumental do cortejo afoxé chama-se charanga e é formado pelos instrumentos: afoxé, agogô, ilu e atabaque.

Novamente um instrumento musical denomina uma manifestação coreográfica/cortejo. O afoxé, para o povo do candomblé, é um instrumento exclusivo dos homens.

 Contudo, há variações do instrumento para o batuque e para o mina-jeje, em que as mulheres podem percutir as cabaças publicamente.

Foram famosos os afoxés: Africanos em Pândega, Papai na Folia, Otum Obá de África, todos do século XIX; Mercadores de Bagdá, no século XX; e Filhos de Ghandi, nos séculos XX e XXI.

Para dançar afoxé, o ijexá que é dançado no salão dos terreiros de candomblé é simplificado para as coreografias de caminhadas nas ruas.

Xirê é divertimento

Segundo o dicionário *Yoruba Language*, uma das acepções de *xirê* é jogo, momento lúdico, divertimento. No Brasil, o xirê é a designação geral usada para nominar a sequência de danças rituais dos candomblés, que começa com Exu e é finalizada com Oxalá. Segue-se uma ordem preestabelecida, como se fosse um roteiro teatral, reunindo orixás afins: das águas, da terra, da caça, da criação do mundo, numa ordem funcional e que atende aos significados prescritos pelo modelo yorubá.

O candomblé de matriz africana reúne e funda esse evento social, público e religioso, o xirê, para representar esse momento de apreciação, de adesão dos que veem, cantam, dançam, louvam e saúdam os orixás: Ogum Nirê para Ogum, Eparrei para Iansã, entre tantos outros.

A diáspora dos descendentes dos povos da África tem a capacidade de reunir, inventar, traduzir e transformar memórias em diferentes mecanismos de defesa. É também a busca pelo ideal de uma África, da Mãe África, da terra idealizada.

Nessa diáspora, está a fusão de cidades-reinos, de mitologias de orixás e um novo e já abrasileirado xirê, como uma forma de concentrar e de traduzir esse amplo sentimento sagrado.

O xirê é um fenômeno brasileiro que traz uma síntese da unidade necessária à manutenção de identidades, que promove na reunião de Ogum, que é de Irê; com Xangô, que é de Oyó; com Iemanjá, que é de Abeokutá; com Oxalá, que é de Ifé; entre tantos outros, novos significados e novas mitologias, as quais vão coformando esse forte sentimento de louvor e de religiosidade.

É trazer o orixá para o convívio da vida cotidiana ou para a festa para que, juntos, homens e deuses vivam a música instrumental, a dança, o canto, a comida, e se divirtam e brinquem experimentando o xirê.

Esse sentimento de brincadeira é dominante e tem a capacidade de reunir, de provocar ações criativas, especialmente identificadas no corpo e pelo corpo, que expressa gestos, danças e outras maneiras de se comunicar performaticamente.

Na cultura popular, é comum os inúmeros grupos de música, dança e teatro se reconhecerem em suas respectivas atuações como praticantes de uma "brincadeira", e quem participa como um "brincante": vou brincar o coco; vou brincar o maracatu; vou brincar o boi.

Brincar é também celebrar, festejar, reunir, ensaiar e, principalmente, transmitir um grande sentimento patrimonial que fortalece os laços sociais e de identidades.

A brincadeira assume um dos mais notáveis lugares de socialização. É espaço de prazer, de alegria, de tornar o ideal do sagrado mais próximo, mais humanizado e mais íntimo, como acontece nos terreiros, onde são vivenciados temas memoriais e de criação contemporânea. Não são rituais para aplacar, para temer a Deus ou para apaziguar um Deus que se teme, mas para viver a brincadeira de trocar, de partilhar do sagrado em outra dimensão, relativizando, assim, o modelo cristão.

O xirê é o momento especial para se descobrir o corpo, perceber as suas possibilidades e desenvolver habilidades, ganhar conhecimentos, no caso das danças litúrgicas do candomblé.

Assim, temas da diversão unem-se aos de vivenciar costumes, relembrar modos e maneiras em âmbito religioso, festivo e familiar.

Está no xirê uma oportunidade de reunir fragmentos de memórias, algumas já experimentadas e outras que serão retomadas na prática da festa, no ritual religioso, no sentimento lúdico, entre outras formas que possibilitam expressar e comunicar corporalmente identidades, histórias pessoais e estilos de comunidades e regiões.

Unindo esses fragmentos, de tantas memórias, recriam-se e se ampliam as próprias falas corporais, temas que necessitam ser mantidos ou atualizados em novos contextos, com novos corpos, também moldados nas experiências do cotidiano, do trabalho e das possibilidades individuais.

Fala-se, então, em um amplo e diverso contexto afrodescendente. Cria-se um olhar geral sobre a África e, enquanto isso, se buscam em cada organização social — irmandade religiosa, família, ofício, terreiro — os gestos que possam mostrar mitos da criação, relações entre o homem e a natureza e entre o homem, seus deuses e seus ancestrais.

Em contexto contemporâneo, busca-se nesse novo olhar sobre o divertimento, que é o xirê, um lugar privilegiado para expressar e comunicar as linguagens corporais de reconhecimento e de memórias de matriz africana.

Paô

As tradições religiosas afrodescendentes são marcadas por cerimonializar cada ato, cada atitude, cada comportamento, a maneira como o corpo fala, com uma maior liberdade ou um maior controle da gestualidade. Para cada movimento do corpo há uma maneira de interpretá-lo, pois um rico repertório orienta o modo como o corpo deve falar e se expressar em contextos reconhecidamente de matriz africana, seja no samba ou no candomblé.

Há um profundo sentimento de poder em tudo que se realiza no âmbito sagrado nas comunidades/terreiros, uma vez que o corpo integra sistemas formais hierarquizados.

O poder é centralizado no pai ou mãe de santo e em diferentes cargos e funções que, segundo a tradição yorubá, são conhecidos por *oiê*.

Cada oiê corresponde a uma função social da complexa hierarquia e é com base nele que cada ocupante de cargo deverá ser cumprimentado e reverenciado. Isso ocorre segundo um rigoroso protocolo, numa sequência de gestos que deverão ser realizados para, só aí, se destacar o *paô*.

O paô é uma sequência rítmica realizada com palmas e reconhecida sonoramente como uma atitude protocolar importante nas relações entre corpo e espaço.

É um procedimento de profunda reverência, que é realizado na entrada do espaço sagrado, diante dos santuários e da hierarquia estabelecida nos oiês. Após falar, ou seja, fazer paô, pode-se cumprimentar as outras pessoas da comunidade/terreiro.

O paô é cumprimento que acontece nos rituais mais privados dos *pejis* — santuários — ou no barracão por ocasião das festas, das danças públicas dos orixás.

Os mais importantes procedimentos e formas de comunicação com o sagrado ocorrem na linguagem corporal, sendo o paô um dos mais notáveis sinais dessa fala. O corpo deverá estar no chão ou numa postura de reverência, com o rosto sempre voltado para o *aiê* — terra —, e tudo é formalmente compreendido, pois o corpo sempre fala nas muitas ações de matriz africana.

Cumprimentos corporais

O corpo em espaço sagrado de matriz africana integra-se aos diferentes ambientes sociais, como o do poder, e às muitas funções do terreiro.

O corpo é sinalizado por diferentes elementos visuais e faz das linguagens expressivas e gestuais importantes formas de comunicação e de compreensão comum entre o que se entende por corpo individual e corpo coletivo.

O corpo individual é o próprio corpo e as suas referências. Já o corpo coletivo pode ser entendido como uma verdadeira antropomorfização dos muitos espaços que constituem a comunidade/terreiro.

O terreiro é formado por diferentes construções arquitetônicas, áreas verdes, árvores sagradas, num fluente sistema que representa simbolicamente o funcionamento de um corpo.

No salão de festas — barracão —, há um determinado local no centro da edificação, chamado de *ixé*, que é tido como o ponto de ligação entre o *aiê* (terra) e o *orum* (céu), conhecido também como *umbigo*.

O *peji* (santuário) é o cérebro e a cozinha é o coração, juntamente com as folhas, especialmente integradas ao terreiro.

110 danças de matriz africana

Há uma série de representações espaciais de movimentos que formam uma linguagem corporal que é ativado pelo corpo de quem dança.

Inicialmente, as formalidades protocolares indicam a necessidade dos cumprimentos a determinadas pessoas, o uso de objetos, a destinação de lugares etc., o que já estabelece uma série de posturas corporais.

Os cumprimentos seguem orientação de gênero. Tudo começa no cumprimento aos orixás. Orixás masculinos — *oborós* — e orixás femininos — *iabás* —, que são identificados pelo *iká* e pelo *adobale*.

Entendem-se esses cumprimentos como ações coreográficas nesse grande universo estético e de religiosidade de matriz africana. Há um roteiro obrigatório de cumprimento que se repete a cada dia, a cada cerimônia e em momentos especiais.

O *iká* implica projetar o corpo para o solo, partindo do agachamento, com um salto, lançando o corpo à frente para que fique em contato com o chão. Os braços ficam estendidos ao lado do corpo e, logo após o tempo necessário ao cumprimento, que poderá ser acompanhado do *paô*, volta-se então à posição de agachamento e em seguida o corpo se eleva.

O corpo de quem representa o orixá feminino faz o seu cumprimento com o *adobale*, que é a projeção do corpo no solo lateralmente, colocando-se, após estar deitada sobre o solo, primeiramente a mão direita na cintura e a mão esquerda na orelha, realizando, em seguida, a mesma ação para o outro lado, com a mão esquerda na cintura e a mão direita na orelha. Como no iká, o cumprimento poderá ser acompanhado do paô.

Como se vê, há um forte sentimento de compreensão do corpo como meio expressivo e de comunicação. Todos vivem essas experiências de expressão do corpo: crianças, jovens, adultos e idosos.

Xaorô
O símbolo do tornozelo

O corpo, como expressão da cultura e do sagrado, acompanha diferentes momentos de uma trajetória que é inicialmente reconhecida e simbolizada no comportamento, no gesto e, principalmente, nas posturas ou no simples ato de caminhar, por exemplo. Nas comunidades/terreiros, a pessoa que se inicia tem seu corpo e sua vida profundamente marcados pelo uso de novos objetos, que buscam, especialmente, outras maneiras de se comunicar, além da palavra.

Na condição de noviço, há dois lugares tidos como essenciais: o pescoço e o tornozelo. No pescoço, é usado um tipo de colar chamado *quelê*, e, no tornozelo, uma tornozeleira feita de trançado de palha da costa, com um guizo de latão, bronze ou outro material similar, chamada de *xaorô*.

O tornozelo é o lugar marcado por esse símbolo de sujeição que anuncia o andar do indivíduo. Preconiza-se uma marcha em ritmo lento, mantendo-se o corpo curvado para a frente e o olhar fixo para o chão.

O tornozelo é muito importante por ser a primeira articulação de sustentação e equilíbrio do corpo. E certamente por isso recebe essa importante sinalização ritual.

O som anuncia o corpo na sua condição de noviço, recém-iniciado, impondo comportamentos e ritmos de deslocamento peculiares. Isso sinaliza um momento social e faz com que o corpo seja percebido na dinâmica da própria marcha em qualquer lugar em que ele esteja: nos lugares internos e externos dos terreiros, nas ruas, nas feiras, nos mercados.

O *xaorô* indica um novo ser, um novo membro, uma pessoa que precisa ser identificada nesse seu novo corpo, que passa por um aprendizado que implica assumir posturas, caminhadas, cumprimentos às pessoas, aos deuses e, também, aos lugares indicados como sagrados. Em especial, ser iniciado na dança é uma das linguagens mais importantes, assim como a língua falada, a comida, as cores e os símbolos já determinados no terreiro e na natureza.

O *xaorô* terá um uso específico que acompanha todo o processo de iniciação, em que haverá períodos diferenciados conforme os modelos religiosos determinados pelas casas/terreiros, com os seus estilos chamados de nações. Em média, o uso do *xaorô* será de um mês e, ainda, nas chamadas grandes obrigações, que são verdadeiros rituais de ressacralização da pessoa já iniciada.

Durante as obrigações, é o *xaorô* que anuncia que serão lembrados e revividos os momentos mais determinantes dos ritos de passagem.

Por isso o corpo é tido como um lugar muito valorizado na concepção da pessoa. O corpo é memória viva, capaz de repetir, traduzir e, principalmente, comunicar, conforme as suas habilidades específicas, os processos de aprendizagem das posturas, dos gestos, dos cumprimentos e das coreografias.

O corpo destaca-se, ainda, como uma fonte emissora de som, emitido por meio do *xaorô*, de outros guizos que compőem indumentárias, de objetos, geralmente chamados de *ferramentas*, além da execução do paô e de outras formas de percutir o corpo, conforme os significados e os rituais prescritos. Tudo isso se une a outras fontes sonoras, com destaque para os três atabaques — *rum, rumpi* e *lé* — e o agogô.

O *xaorô* integra-se a um amplo sistema simbolizador das articulações do corpo, determinando uma inicial sacralização dessas partes que atuam decisivamente na elaboração e execução dos movimentos diários, cotidianos e funcionais, com destaque para as coreografias das inúmeras danças que contam a história e os fatos mitológicos dos orixás.

É de se crer, portanto, que os pés são a base fundamental para a execução de movimentos, entre eles a dança, e para trazer ao corpo todos os repertórios possíveis nas relações entre homem e orixá.

Santo também dança
Considerações sobre etnocoreografias do candomblé

No âmbito específico das danças litúrgicas dos terreiros de candomblé, um conjunto de posturas, gestos, comportamentos, atitudes e conhecimentos diversos sobre coreografias fazem o patamar construtivo, funcional e vivencial do que se chama de "dança de santo e/ou dança de orixá". A dança não se isola das demais formas expressivas e comunicativas da sociedade. Saber dançar não é uma ação desvinculada ou mesmo excepcional no conjunto de saberes da complexa cultura dos terreiros. A dança é antes de tudo uma ação integradora, socializadora e confirmadora de vínculos hierárquicos dos terreiros e destes com as categorias sagradas de deuses e ancestrais.

O conhecimento específico de cada passo, postura corporal, gesto, olhar, dinâmica e volume faz da dança ritual-religiosa uma manifestação extensiva de toda experiência cotidiana do indivíduo, também correlacionado com o grupo ao qual este é integrado.

Saber dançar e conhecer as danças neste campo específico do amplo processo ritual-religioso do candomblé está relacionado com os saberes relativos às folhas, à música vocal e instrumental, às indumentárias, às comidas, aos significados de formas, cores, vocabulários, histórias e mitologias, elementos que juntos fluem e refluem em visão uníssona e, também, construtiva da própria dança, especialmente do corpo. Assim, o corpo é uma das muitas possibilidades expressivas nesse âmbito social e religioso de matriz africana.

O conceito estético ou artístico da dança ritual-religiosa nasce na ética e na moral do próprio candomblé. A valoração e o critério do dançar bem, saber dançar ou mesmo, como é usual se dizer, ter pé de dança, unem vocação e extenso aprendizado iniciático, ou seja, aprendizado vivencial.

A dança é comunicadora e integradora e inclui o indivíduo no complexo sistema simbólico da comunidade/terreiro, bem como em outros espaços extensivos de evidente afrodescendência, como rodas de samba e capoeira, entre outros.

> [...] o fator artístico reside *no elemento de comunicação, mas ele não constitui o verdadeiro fim da representação, ainda que a eficácia do ritual dependa muitas vezes da sua perfeição formal. Talvez, que num tal caso, fosse então preciso falar, a este respeito, de arte de comunicação e não de arte de execução.* (Balogun, 1986: 77)

Balogun traduz o olhar africano sobre a arte tradicional, em que se destaca a dança, confirmando que as experiências dos terreiros vão ao encontro das linguagens expressivas e buscam estabelecer, pela repetição, a transmissão de conhecimento.

A propriedade virtual da dança ritual-religiosa está na correlação homem-divindade, na expressão pública em que se manifesta o deus, o antepassado como herói, guerreiro, rei, caçador, ou ainda concentrando elementos imemoriais arquetípicos das águas, do fogo, dos ventos, da vida e da morte.

As danças ritual-religiosas do candomblé seguem diferentes modelos etnoculturais africanos chamados de nações de candomblés, sendo as principais kêtu-nagô (yorubá), jeje (fon), angola-congo e moxicongo (banto) e, ainda, caboclo, uma criação eminentemente afro-brasileira.

As nações polarizam um saber tradicional de algumas matrizes africanas que, preservadas, buscam unir permanentemente a memória ancestral à memória próxima, já brasileira, ou, melhor dizendo, afro-brasileira. As nações, como os próprios nomes induzem, tentam reproduzir "Áfricas", embora sabidamente em processos dinâmicos e de acelerado abrasileiramento.

A permanência coreográfica de tudo que se faz no interior dos terreiros ou, ainda, extramuros, nas cerimônias públicas como o afoxé e o maracatu, amplia a compreensão e, também, a transmissão de danças ao grande público espectador.

Além dos atabaques como fontes sonoras, também são usados sinetas de metal — *adjás* — e outros idiofones, como *caxixis*, *xerés*, cabaças ou afoxés; e *oguês* — chifres de boi que são percutidos —, orientando comportamentos especiais nos barracões.

Como exemplo, pode-se citar o uso dos *oguês*, que marca e identifica as danças de Odé, o caçador, popularmente chamado de Oxóssi. Os chifres de boi, presentes nesses rituais públicos, trazem a ancestralidade do orixá, também identificado como o rei de Kêtu. Os chifres de animais, como símbolo de realeza, remontam aos primeiros adornos de cabeça utilizados para distinguir o poder de mando, precedendo, então, o uso das coroas. A dança de Odé imita o ato da caça ou da cavalgada na situação de caçador. Assim, as coreografias são construídas a partir das memórias remotas que, na experiência da própria dança, buscam fortalecer a identidade mítica, a identidade individual de quem dança e a identidade coletiva do terreiro.

Nessas muitas construções de identidades, estão definidos, convencionalmente pelo gênero masculino e pelo feminino, os lugares sociais estabelecidos na estrutura hierárquica das comunidades/terreiros, apontando para a música instrumental como prerrogativa masculina e a dança como feminina. Certamente, os espaços são ampliados, pois mulheres e homens dançam publicamente nas comunidades/terreiros e, ainda, em especial, no modelo da nação jeje, mulheres podem tocar cabaças em diferentes rituais religiosos.

O santo, através do seu *iaô*, simpatizante ou adepto, realiza diferentes danças que demonstram quem ele é, a sua história mítica e o seu papel na natureza e no mundo.

Dançar para o santo, ou simplesmente *dançar*, nesse contexto da comunidade/terreiro, significa o mesmo que ritual religioso em seu aspecto público. Há, assim, um valor litúrgico em cada coreografia, que além de ser descritiva, teatralmente dramática e de expressão estética, é funcional, desempenhando um tema, um complemento sagrado no amplo processo vivo e dinâmico que é o culto aos orixás. Por exemplo: Xangô dança como se lançasse raios pelas mãos; Iansã, com os braços abertos, espana os ventos e promove as tempestades; Ogum dança como se lutasse com o seu facão; Oxóssi dança caçando; Oxumaré, representando a serpente Dã — o princípio da mobilidade do mundo; Oxalufã, Oxalá velho, dança lentamente apoiado em seu cajado, o *opaxorô*.

Dançar para o santo, nessa perspectiva complexa e plural do sagrado, é realizar as coreografias previamente construídas, rigorosamente construídas, como em qualquer outro sistema coreográfico, que é distinguido, também, pelas habilidades artísticas de quem dança.

Deve-se notar também que o domínio do corpo e do conhecimento sobre as danças se dará em processo iniciático, numa pedagogia do sagrado. Antes dessa etapa social, geralmente as primeiras experiências com a dança ocorrem por observação voluntária e pela imitação.

A mulher sempre ocupou na vida religiosa do candomblé um lugar privilegiado no poder hierárquico, em especial nos modelos etnoculturais yorubá e fon.

São frequentes os terreiros dirigidos por mulheres que também ocupam funções especiais e de importância na ordem do poder dessas comunidades. O poder feminino se estabelece na cozinha por meio do conhecimento das receitas e dos cardápios dos deuses e, principalmente, pela dança. Saber dançar é antes de tudo uma prerrogativa de poder, pois a dança, além de comunicativa e teatral, realiza sua função educativa na transmissão das histórias que mantêm e aproximam fisicamente o sagrado do corpo de quem dança.

Tradicionalmente, dançar, em âmbito sagrado, remonta ao gênero feminino, fortalecido pelo papel de mãe, pois cabe à mulher a transmissão da cultura e das memórias que fazem o sentimento de pertença de um povo. Esses múltiplos papéis exercidos pela mulher só reforçam o seu poder social e especificamente o religioso. Novamente, vê-se que o ato de dançar é de grande importância educacional pelo conjunto de conhecimentos que estão agregados às compreensões ampliadas das próprias matrizes culturais africanas.

Em nenhum momento a dança-ritual é aleatória ou aberta à criação individual ou mesmo dos terreiros. Haverá, sim, maior ou menor vocação individual para que as coreografias sejam realizadas.

As danças devem ser cumpridas de forma correta e sempre adequada ao rigor e ao saber prescrito pela própria organização do terreiro, no caso, de candomblé. Isso também se aplica aos terreiros de Xangô, cuja área de atuação se concentra basicamente em Pernambuco, Alagoas e Sergipe; e se aplica também às casas mina do Maranhão, ao batuque no Rio Grande do Sul e a outras modalidades de matriz africana.

As danças traduzem fatos oriundos da natureza, acontecimentos históricos ou, ainda, a dramatização da síntese da vida de uma divindade: orixá caçador; grande Mãe mítica de cujo ventre nasceram todos os orixás; a serpente sagrada dos fon, do Benim, chamada de bessém ou oxumaré pelos kêtu-nagô, que também é o arco-íris, que une o céu e a terra...

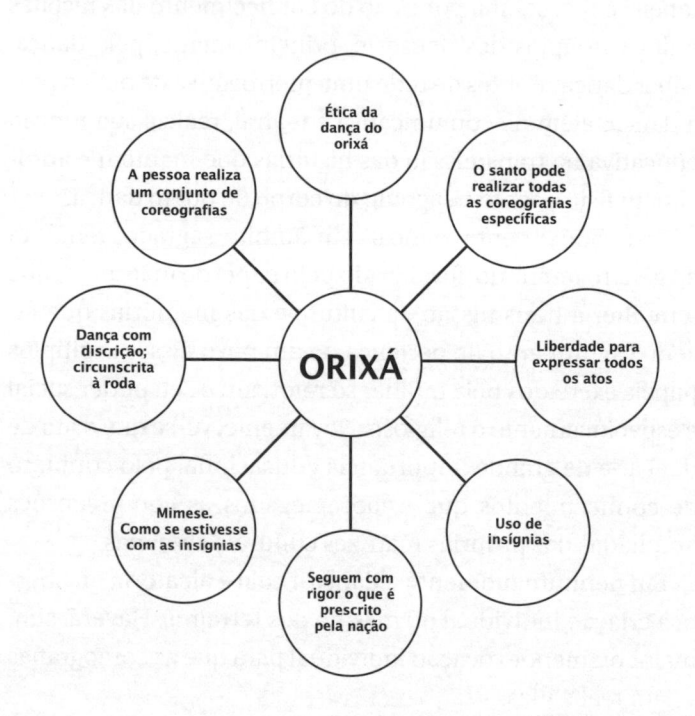

ORIXÁ

- Ética da dança do orixá
- O santo pode realizar todas as coreografias específicas
- A pessoa realiza um conjunto de coreografias
- Dança com discrição; circunscrita à roda
- Liberdade para expressar todos os atos
- Mimese. Como se estivesse com as insígnias
- Uso de insígnias
- Seguem com rigor o que é prescrito pela nação

Processos para o conhecimento da dança segundo a ética religiosa do candomblé

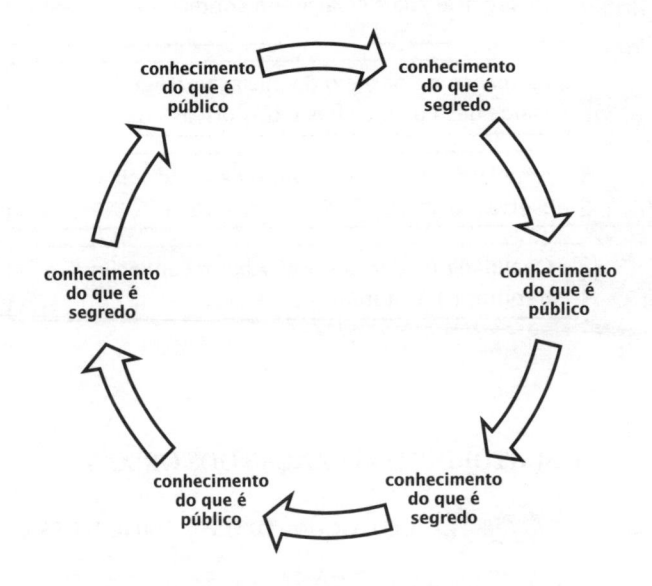

```
            conhecimento  →  conhecimento
            do que é          do que é
            público           segredo
                                  ↓
conhecimento                  conhecimento
do que é                      do que é
segredo                       público
     ↑                            ↓
            conhecimento  ←  conhecimento
            do que é          do que é
            público           segredo
```

- Vivência geral das danças — conhecimento do que é público.

- O lazer e o religioso — conhecimento do que é público.

- O aprendizado/pedagogia do *iaô* — conhecimento do que é segredo.

- O saber da dança religiosa — conhecimento do que é público/conhecimento do que é segredo.

- A expressão social da dança no terreiro — conhecimento do que é público.

O APRENDIZADO DA DANÇA — PEDAGOGIA DO IAÔ

1ª etapa • Observação/participação no cotidiano e nas festas.

2ª etapa • Formalismo por meio da iniciação religiosa. Ensaios das coreografias e dos orixás.

3ª etapa • Ampliação do conhecimento pela vivência e pela observação do cotidiano no terreiro.

4ª etapa • Qualidade da dança ritual. Aliar o conhecimento coreográfico às aptidões pessoais.

TERRITÓRIOS DAS DANÇAS DOS ORIXÁS

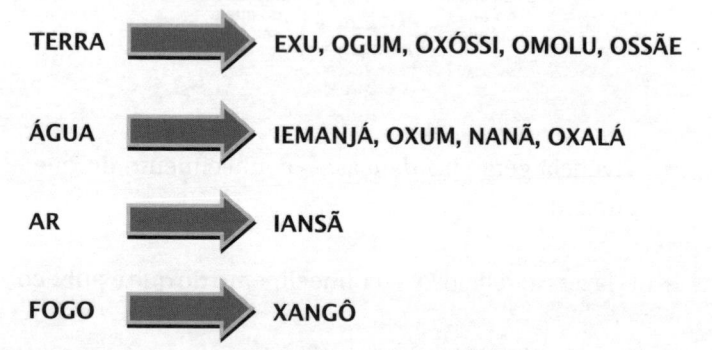

TERRA → EXU, OGUM, OXÓSSI, OMOLU, OSSÃE

ÁGUA → IEMANJÁ, OXUM, NANÃ, OXALÁ

AR → IANSÃ

FOGO → XANGÔ

santo também dança 123

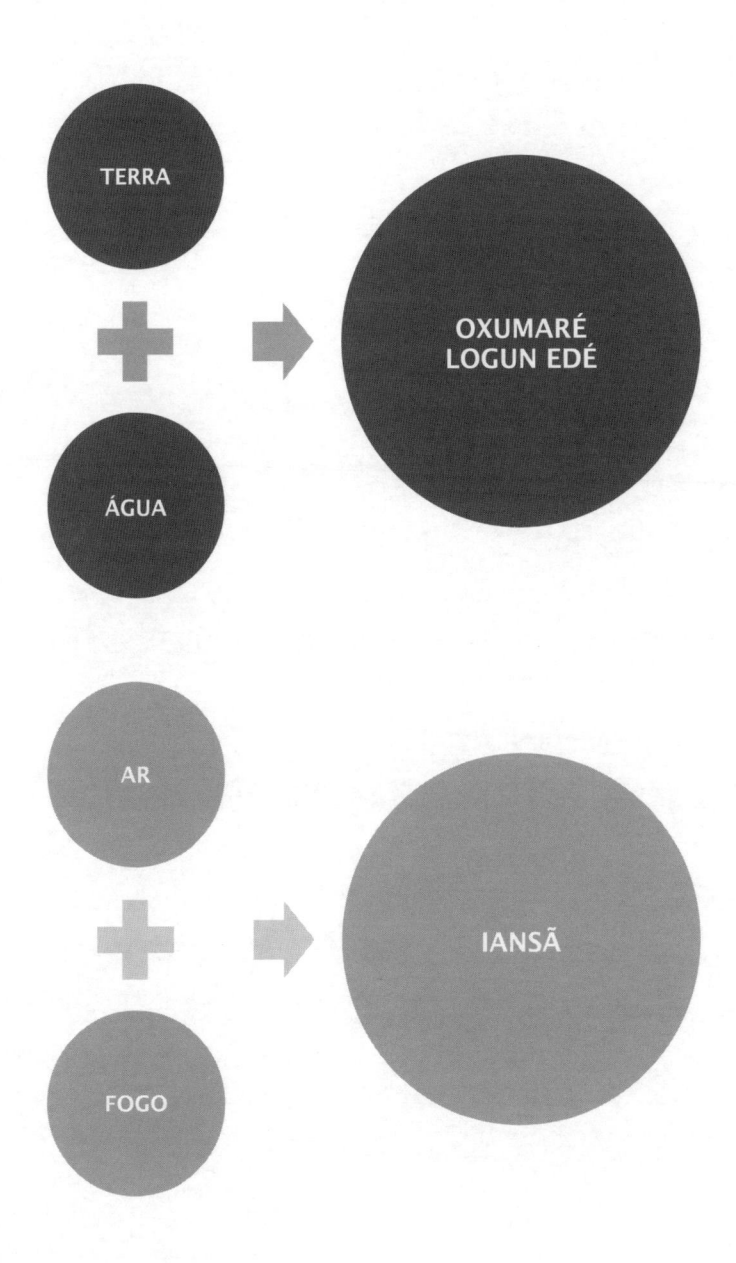

TERRA + ÁGUA → OXUMARÉ / LOGUN EDÉ

AR + FOGO → IANSÃ

Exu
Ao encontro da rua

Exu é o primeiro, o mensageiro, o orixá inaugural, comunicador por excelência. Fala com todos os orixás e com os ancestrais — eguns. Assim é que, na concepção yorubá, são estabelecidas todas as relações entre o que é sagrado e os homens nos terreiros.

Há uma grande mobilidade nas danças de Exu, destacando-se o chamado *jicá* — um tipo de ginga —, uma espécie de ginga sensual, considerada a mais usual entre as danças realizadas pelo orixá.

O jicá pode ser ampliado mantendo-se os braços, semiflexionados, mais afastados do corpo, o qual realiza movimentos circulares em um ritmo mais acelerado; e com passos mais largos, as pernas, mantidas em sutil semiflexão, impõem, assim, um ritmo forte ao gingado, que traça uma trajetória sinuosa.

O toque da *avamunha*, que remete a várias coreografias, integra as danças de Exu. Inicia-se com o corpo ereto, como em passeio solene; com os braços semiflexionados e as mãos na altura do umbigo, realizam-se movimentos ascendentes e descendentes que se refletem nos ombros.

O toque *agabi*, que é executado também nas danças para Exu, tem sua coreografia caracterizada por deslocamentos laterais, numa dinâmica de deslizamento a passos curtos, em que o braço flexionado indica a direção do deslocamento. Em seguida, inicia-se um trabalho com os pés que lembra o samba.

As danças do orixá Exu são caracterizadas pelos deslocamentos rápidos. Nessas trajetórias de deslocamentos, vai-se com frequência até a porta principal do salão onde se dança, do barracão do terreiro, e até mesmo à rua. Há um diálogo permanente nas danças de Exu entre o privado (terreiro), o público (a rua) e o mundo, principal território desse orixá, que também pode dançar as coreografias dos outros orixás.

Tradicionalmente, na dança para Exu há uma série de coreografias coletivas no *xirê*, como acontece com os outros orixás.

O *padê* pode ser considerado um ritual para o início das danças na sequência do *xirê*. É, também, o momento em que se realiza, no barracão, essa etapa que precede a festa.

O chamado *padê* — encontro entre Exu, os homens, os ancestrais e os outros orixás — inaugura todos os momentos públicos dos terreiros, bem como dá início a todas as danças.

São rituais que exercitam o diálogo pelo oferecimento de comida e de bebida a Exu, para, assim, o *xirê* poder ser iniciado e propiciar a chegada dos outros orixás para realizarem suas danças.

As danças para Exu no *padê* devem ter a participação de toda a *egbé* — comunidade —, orientada pela ialorixá ou pelo babalorixá.

Todos dançam em um círculo — distinguido por um *jicá* discreto —, em movimentos com gingado dos ombros e passos curtos e algumas rotações em torno do eixo do próprio corpo (longitudinal).

Isso imprime certa dinâmica ao círculo, que tem como ponto de atenção o oferecimento do *padê*, quartinha d'água e prato com farofa de dendê.

Em determinado momento, duas pessoas, especialmente escolhidas e ocupando cargos de *dagã* e *sidagã*, são chamadas para executar o ritual do *padê* — encontro da quartinha e da farofa na rua —, próximo à porta principal do salão — barracão do terreiro.

Antes de caminharem até a rua, realizam algumas voltas em torno do *padê*, quando a dinâmica do toque de atabaque é acelerada e os demais membros do círculo param de dançar, aguardando o retorno da *dagã* e da *sidagã* ao salão. Na sequência, elas fazem os cumprimentos protocolares aos atabaques, aos mais velhos, concluindo assim esse tipo de *padê*. Pode-se, então, iniciar o *xirê* dançando-se para Ogum e os demais orixás.

A dança do ferreiro

Ogum é o desbravador, aquele que, na mitologia yorubá, transformou a natureza criando as primeiras ferramentas. Por essa razão, Ogum é relacionado à agricultura, à fabricação de armas brancas e à descoberta de inúmeras técnicas artesanais.

Ogum é conhecido, também, como o ferreiro, pois construiu a primeira peça de ferro e de outros metais. Fez armas, como flechas, sendo também um *Odé*, o caçador, o primeiro Odé.

As armas de Ogum são usadas na defesa, na proteção e na manutenção do seu reino — Irê —, pois Ogum é também chamado de Oni Irê.

As danças de Ogum traduzem seu sentido dinâmico e de avanços tecnológicos, oferecendo ao homem inúmeras possibilidades de ocupar a terra e, principalmente, de preservar a natureza, o meio ambiente.

Ogum é o orixá do movimento, da rapidez, das descobertas, e tudo isso está identificado nas coreografias das suas danças, que relatam de maneira teatral seus papéis na natureza e no mundo. Ogum também vive nas matas e possui um caráter tão determinado e forte quanto o ferro, elemento de imediata identificação.

Pode-se dizer que a partir de Ogum inicia-se um novo ciclo nas civilizações, com a chamada Idade do Ferro.

Ogum desloca-se com velocidade, empreendendo trajetórias contínuas, como se estivesse caminhando apressadamente ou mesmo correndo ao encontro de uma caça ou de um material que será recolhido e por ele transformado. Este orixá usa a forja para dar plasticidade aos metais e, por isso, é relacionado com o fogo. Por meio desse elemento, os metais podem ser transformados em ferramentas agrícolas, armas brancas, adornos corporais, entre tantas outras coisas.

Uma primeira imagem, frequentemente apreciada nas danças desse orixá, remete a Ogum saindo de dentro da mata com um facão, abrindo caminhos, trilhas, e reforçando sua identidade de desbravador.

Algumas danças simulam uma luta com facões, relatando nas coreografias o caráter guerreiro do orixá. O mesmo se dá com certas músicas, cujas letras contam que, na ausência de água, ao chegar a sua casa, Ogum tomou banho de sangue.

As mitologias em seus relatos trazem mensagens de diferentes sentidos e significados, buscando sempre preservar e guardar memórias ancestrais da cultura. É isso o que fundamenta os povos na sua organização social.

Um comportamento ágil, repleto de impulsos rápidos, faz com que as danças de Ogum sejam vigorosas e extremamente masculinas, pois cada gesto, cada movimento circular com o corpo, saltos e rolamentos no chão, entre outros, mostram o vigor do macho e uma evidente projeção sexualizada da virilidade machista.

a dança do ferreiro 131

A caminhada apressada de Ogum é fundamental para a compreensão da ideia coreográfica exigida de quem realiza a dança. Mantendo postura ereta, uma postura militar, como a de um soldado perfilado, inicia-se a caminhada de Ogum com as mãos espalmadas, que representam as lâminas das armas brancas, pisando também com vigor e determinação na busca do futuro. Ogum é um visionário, enfrenta o desconhecido, o novo, constrói novas ferramentas, busca novas tecnologias.

As duas mãos espalmadas, com os dedos unidos, fazem movimentos alternados como se fossem lâminas, ora para cima, ora para baixo; a mão esquerda funciona como um escudo e a direita como lâmina.

Tudo acontece com o corpo em movimento, direcionado para a frente, realizando desenhos coreográficos em trajetórias contínuas, formando círculos e retas — sequências repetidas sucessivamente.

A dança do caçador

Odé é o caçador, senhor que conhece a mata. Conhece cada planta, cada árvore, folhas, cipós, aves, mamíferos, répteis, também os peixes e tudo que tenha vida e movimento no seu território. Odé é aquele que deve saber pisar. Pisar, se camuflar e, com a flecha certeira, conquistar a caça, o alimento. Por isso, Odé é conhecido como o provedor, aquele que alimenta.

A caça de Odé é seletiva. Busca no que caça, e em como caça, o equilíbrio da mata, porque a caça deverá sempre existir.

Caçador que promove a vida, a continuação das famílias, das sociedades, Odé é o símbolo do alimento partilhado, do alimento necessário.

São muitos os caçadores nas tradições orais de vários povos africanos. Aqui, por opção, veem-se os yorubás e como as suas histórias são contadas por meio das danças.

Nas danças do caçador, entre elas a de Oxóssi, descreve-se que, nas noites de luar, ele tudo vê e tudo sabe. Este orixá também reproduz os movimentos e as posturas dos animais.

Copiar e imitar os animais, cada um com sua característica e seu comportamento, integram os movimentos de Odé, aquele que se mistura à mata para poder caçar e ser também um bicho da mata.

Odé, o melhor tradutor da mata — no seu aspecto de sobrevivência, de conhecimento ecológico sobre a terra, a água, os animais, a chuva, o dia e a noite —, revela tudo isso nas suas danças.

Há uma ação coreográfica marcante e que identifica Odé. Isso se observa no uso das mãos — como se estivessem apontando uma flecha —, a esquerda apontando o dedo indicador e, lateralmente, o polegar; o indicador da mão direita une-se ao polegar da mão esquerda, destacando-se também o polegar da mão direita, representando, dessa maneira, a sua principal ferramenta: o *ofá* ou *damatá*, feito de metal. Tal ação identifica a flecha, que remete ao ato permanente de caçar.

Odé, ao dançar, mostra-se integrado à mata, seu ambiente, que se estende até a beira do rio, domínio de um outro Odé, especialista na pesca, chamado Logun Edé.

A mitologia encontra os muitos e diferentes papéis e funções para os orixás na natureza, tendo sempre nos elementos terra, fogo, ar e água os principais temas que se traduzem nas danças.

Comunicar o elemento da natureza ao qual pertence o orixá é fundamental à compreensão da história que está sendo contada por meio da música instrumental, da música vocal e, principalmente, pela coreografia.

O território é a primeira revelação de que a dança é sagrada e, ainda, de que a dança-teatro dos orixás tem que interagir com o público, inicialmente com os músicos, pois o diálogo corpo-música, no caso o trio de atabaques e o gã ou agogô, determina as dinâmicas e as variações nas coreografias.

Omolu
Os pés sobre a terra

Omolu é o orixá relacionado à terra e a tudo aquilo que a terra possa representar sob o aspecto da agricultura, do alimento, e também como lugar de transformação da natureza e do corpo do homem.

As danças de Omolu são dinâmicas, executam-se grandes saltos, com gestos expressivos com as mãos.

Destaca-se o toque chamado *opanijé*, realizado na sequência coreográfica descrita a seguir.

Na primeira sequência, ocorrem deslocamentos laterais, ora para a direita, ora para a esquerda, acompanhados pelos movimentos das mãos, que indicam a direção do deslocamento, com a palma da mão voltada ora para cima, ora para baixo, sendo marcado o final do deslocamento por um abaixamento do quadril.

Na segunda sequência, a mão direita aponta para baixo com o dedo indicador, geralmente acompanhado pelo olhar de quem está dançando, e continua com os deslocamentos laterais; a mão esquerda aponta para cima, indicando a direção.

Nessas sequências, o tronco encontra-se inclinado para a frente, mostrando a postura de um caminhar de pessoa muito velha, pois Omolu, por ser um orixá também muito velho, é assim representado nas danças rituais. Depois disso, o dançarino simula uma ação de pilar, em que se mantém girando com as pernas semiflexionadas, depois extingue essa ação de pilar e continua girando, só que mais acelerado. Em seguida, executa um salto com os braços estendidos e apontando para cima. Essa ação se repete sucessivamente.

Há também sequências de rolamentos com a pessoa deitada sobre o solo, com retorno para a posição inicial, de pé, para assim continuar a coreografia.

A indumentária é feita com fibras naturais — palha da costa em grande quantidade e volume. Isso faz com que a dança tenha um sentido estético e coreográfico especial, uma vez que a palha da costa esconde e protege o corpo de quem dança.

Dança de Oxumaré
A dança da serpente

Oxumaré, também conhecido como Bessém, é o vodum interpretado como Dã—a grande cobra—, que é o princípio da mobilidade das coisas da natureza. As características principais de sua coreografia são os grandes saltos e os rolamentos no solo, que exigem técnica e habilidade de quem dança.

Ao som do *bravum*, inicia-se a coreografia em andamento moderado, com um desenho coreográfico marcado por caminhadas com trajetórias sinuosas pelo salão. Com uma das mãos, segura-se a saia, facilitando a realização dos passos, enquanto a outra aponta com o dedo indicador para a terra e para o céu, desenhando movimentos sinuosos no ar, lembrando uma serpente. Em determinado momento, o *bravum* muda de andamento, acelerando, e isso faz com que quem dança comece a realizar a segunda etapa da coreografia.

Numa sequência de passos alternados por giros pelo salão, as mãos são esfregadas uma na outra. Aí, então, começa-se a apontar para o peito e para a cabeça, sendo que na cabeça as duas mãos são utilizadas, uma na testa e outra na nuca. Essa sequência termina com a mão marcando, juntamente com o pé, primeiro o direito e depois o esquerdo, um compasso 2/4, e em seguida um pequeno salto introduz um mergulho iniciado pela mão direita, como se a serpente entrasse no solo.

Os saltos, tidos como momentos culminantes dessa dança, são a imitação do bote da serpente, pois Bessém é a própria Dã — Adowedo para os povos fon/ewe do Benim.

Ossãe
O catador de folhas

Cada orixá procura a seu modo desenvolver um processo de comunicação imediato, seja pelo gesto, pela postura ou pela intensidade dos movimentos. Há, assim, um sentido determinado, uma busca por revelar quais são as principais características e qual a sua verdadeira identidade.

A mitologia yorubá aproxima-se da vida e mostra que há uma função determinada de cada orixá na natureza.

Ossãe é o verde, a folha representada, é tido como o orixá mais ecológico de todos, embora os demais também carreguem essa característica de modo intrínseco, em razão das intermediações entre a natureza e os homens.

Ossãe caracteriza-se como um morador das florestas, é protetor, acionador de uma sabedoria ancestral necessária à saúde e à alimentação. Convive com outros orixás próximos, também habitantes das florestas, como Odé, o caçador, popularmente conhecido como Oxóssi, e um outro Odé, que é Ogum, o agricultor, o artesão das ferramentas por excelência. Ossãe é um agente da natureza que quer manter o equilíbrio e apoiar aqueles que buscam nas folhas os seus encontros de vida e de fé religiosa.

No modelo do candomblé kêtu, de base yorubá, que orienta o nosso trabalho, Ossãe, a folha, é indispensável em todos os rituais, pois a folha é um meio simbolizador e acionador de todos os contatos possíveis com os outros orixás, com os ancestrais, com os homens e com tudo que é relacionado à vida.

Existe, claramente, um sentido protetor e controlador de Ossãe na natureza, orientando a coleta de folhas, flores e frutos, as plantações, a preservação dos animais, da água, do ar, da terra e de todos os elementos que integram essa compreensão, que é muito ligada ao pensamento contemporâneo ecológico.

O reconhecimento das danças de Ossãe está nos gestos que o orixá faz com as mãos. Numa de suas coreografias, ele realiza um deslocamento lateral, que termina em apoio unipodal (em um pé), com a outra perna flexionando-se posteriormente; enquanto isso, as mãos agem como se estivessem coletando folhas.

Outra notável característica das danças de Ossãe são os gestos descritivos, como se ele estivesse pilando, usando um pilão para transformar as folhas, misturá-las, fazendo desse processo um dos mais fantásticos saberes relacionados à distinção e à interpretação da natureza.

A dança do vento

Há, sem dúvida, um sentimento de mimese, de imitação dos elementos da natureza e do comportamento dos animais, dando ao corpo que dança a função de registrar e também interpretar de maneira dramática, teatral, cada gesto, além da intensidade e da dinâmica das coreografias.

Fala-se aqui das danças de um orixá relacionado a fenômenos meteorológicos, como as ventanias e as tempestades; ou mesmo lembrando os rios Oyá e Níger; ou, ainda, no comportamento de um búfalo, de uma borboleta... Todos esses temas e elementos visuais compõem e expõem as danças de Iansã, Oyá.

Mulher temperamental, rainha que viveu com Ogum e Xangô, dominando os eguns — ancestrais, mortos — que transitam entre o *Orun* e o *Ayê*, entre o céu e a terra.

As danças de expansão de Iansã mostram diálogos coreográficos com o vento e com o ar, seu principal elemento. Em suas coreografias há muita movimentação, exigindo-se rápidos deslocamentos e trabalhos intensos com os braços.

Uma das principais características dessa dança está justamente nas suas sequências de ações, que apresentam as mãos como se espanassem e empurrassem o vento ou os seres invisíveis. Nesse segundo caso, atribui-se que, através dos movimentos da pessoa que dança, se entra em contato com os eguns — ancestrais.

Nas danças de Iansã há o vigor masculino que se reflete na massa e no volume de um búfalo, e também na identificação com a fluidez e leveza de uma borboleta voando, mantendo-se, assim, o seu caráter de orixá das transformações, de grande plasticidade do corpo, que exige habilidades especiais por parte de quem dança.

Outro tema marcante e dominante nas coreografias de Iansã está no acompanhamento do toque chamado *aguerê* ou *daró*, que exige um comportamento de certa violência, como se o corpo enfrentasse o desconhecido, o novo, um mundo que busca o passado, a ancestralidade. Essa coreografia é popularmente chamada de *pratos*.

A sequência de gestos, em andamento rápido, lembra a ação de lançar pratos ao chão, digam-se pratos de louça, pratos da cozinha, pois Iansã é um orixá também identificado com a preparação da comida. Comida para alimentar os seus filhos e comida para vender no mercado. É também a dona do acarajé, símbolo do trabalho público da mulher e ao mesmo tempo da maternidade.

Vigora também um forte sentimento feminino nas danças de Iansã, inclusive o da sensualidade, da mulher guerreira, fazendo com que suas coreografias mostrem diferentes aspectos sociais dos múltiplos papéis exercidos pela mulher.

O voo — mobilidade das danças de Iansã — tem como princípio um sentimento, uma intenção; é um estilo de quase flutuação no ar, implicando movimentos rápidos de tronco e pequenos saltos sucessivos. Tudo isso é apoiado pelo vestuário, que tem por base o volume da chamada roupa de baiana.

A sensualidade também exibe sexualidade, e isso é perfeitamente integrado nas sequências coreográficas desse orixá, que trazem sentimento de vida e de fertilidade. O corpo não é visto apenas como um suporte para o espírito, mas como ferramenta para a realização dos sentimentos e dos desejos.

A dança do rei
O Alafim vem contar suas histórias

No amplo e variado imaginário das danças dos orixás, segundo o modelo aglutinador e de compreensão étnico yorubá, destaca-se a coreografia ao som do polirritmo *alujá*, específico do rei que comanda a justiça, o dono do fogo e das trovoadas, Alafim de Oió — Xangô.

Xangô é um dos mais notáveis orixás, o mito-herói de grande popularidade da diáspora na América, no Caribe e, especialmente, no Brasil.

No conjunto das demais danças de orixá, o toque do alujá exerce forte emoção e é acompanhado de palmas pela assistência e pelos demais participantes do ritual.

A dança de Xangô é caracterizada pelo sentido de majestade, pela solenidade em estilo marcial, cadenciado. Em determinados momentos da coreografia, esse orixá representa o ato de lançar pedras e as atira sobre o mundo. Essas pedras são os coriscos, pedras do raio, das trovoadas, dos relâmpagos que anunciam o poder do fogo, o poder do rei.

Cada coreografia tem como função revelar o caráter, o sentimento, e, principalmente, contar uma história, um momento específico na trajetória do orixá.

Acrescenta-se ao conjunto instrumental das danças de Xangô um instrumento específico chamado *xerê*, originalmente uma cabaça alongada e que funciona com um chocalho, lembrando os sons da chuva e das trovoadas para informar a presença do orixá. É, também, comum encontrar esse chocalho feito de cobre, que é usado especialmente na chegada ou na presença de Xangô, determinando na maioria dos casos o clímax dos rituais públicos.

A dança de Xangô ao som do alujá é uma dança viril, que mostra o poder masculino daquele que, segundo a mitologia yorubá, conhece e domina o fogo.

A dança do alujá é uma sequência coreográfica à qual se pode chamar de expansão, dança com grande plasticidade, que exige de quem dança capacidade física e grande energia para poder acompanhar todos os gestos e também a dinâmica dos atabaques, que vão num crescente até atingir o andamento rapidíssimo. A culminância dessa dança se dá pela realização de vários giros do corpo em torno do próprio eixo, tendo os braços estendidos para cima e as mãos espalmadas, podendo essa sequência ser intercalada com saltos, retomando-se depois a coreografia desde o começo.

Há uma estética de realeza nas danças de Xangô, sendo o alujá a mais notável e conhecida, pois algumas coreografias são mais marcantes e falam de maneira mais direta com o público.

Certamente, as habilidades individuais ou mesmo a vocação para a dança tornam novas as mesmas coreografias que são repetidas de forma imemorial.

As danças de Xangô atualizam as relações simbólicas entre o terreiro e a África, especialmente na organização do poder, que é exemplar e característica desse orixá.

Logun Edé
Caçador e pescador, o Odé da terra e da água

Nas danças de Logun Edé há um sentimento de jovialidade, pois as danças dos orixás transmitem aspectos etários e de gênero.

Logun Edé é sensual, caçador e pescador. Vive no reino de Oxóssi, a mata, e no reino de Oxum, as águas dos rios, a água doce. Esse belo jovem caça, pesca e realiza todas as ações humanas, especialmente no cuidado com sua roupa, ao lavá-la nos rios.

Esse hábito de lavar as roupas nas águas dos rios, ou mesmo nas bicas, nos chafarizes da cidade, tornou-se uma tarefa publicamente reconhecida, inicialmente por ser feminina.

Há em Logun Edé um apelo sexual feminino, ao mesmo tempo que é masculino, caçando nas matas, vivendo a vocação de Odé — caçador, orixá provedor da comida.

Logun Edé também é interpretado como um mito ecológico, como os demais orixás, pois tanto a caça quanto a pesca obedecem a critérios de seleção e de quantidade suficiente para alimentar o homem.

As danças de Logun Edé lembram as de Odé Oxóssi caçando e as de Oxum se banhando nas águas doces dos rios.

Numa das sequências coreográficas, ele começa a lavar a sua roupa esfregando-a com as mãos, e desce até o solo para chegar à água, depois apresenta a roupa com os braços estendidos para cima, dando saltos. Tudo isso é feito numa trajetória circular.

Geralmente as coreografias de Logun Edé acontecem com o toque ijexá.

Banho de Oxum

São muitas as danças de Oxum, especialmente em toque ijexá, pois o orixá é conhecido e reconhecido como pertencente a terras e reinos também comuns a Logun Edé, filho predileto.

Oxum é um orixá que promove seus encantamentos através de beleza, astúcia, sensualidade e sabedoria, atuando especialmente sobre as comidas que os homens gostam de comer.

Oxum é relacionada também à maternidade e, por isso, às águas. Águas do nascimento, águas doces para beber e viver: rios, cachoeiras, regatos, todos esses locais lembram e significam Oxum.

Também é sereia, metade mulher, metade peixe; assume, entre outras, a forma de pássaro da noite, sendo vista, por isso, como uma entidade misteriosa. É conhecida como *Yalodê* — grande senhora.

Oxum é um orixá que busca cuidados com o corpo para preservar sua beleza, que tanto emocionou Oxóssi, Xangô, Ogum e Oxalá. É, sem dúvida, o orixá que tem na estética o seu mais notável argumento de sedução e de comunicação com os outros orixás e com os homens.

O chamado banho de Oxum é uma dramatização do ato de banhar-se. Apoiadas pelo vestuário, as cenas de lavar, pentear e perfumar são, assim, teatralmente realizadas: roupa ritual, montagem de ampla saia sobre várias anáguas muito engomadas, geralmente brancas e exibindo rendas e bordados, vistas com a saia principal, que é aberta pelas pontas. Ou seja, a pessoa que dança se encontra de joelhos e a saia é sustentada por três ou mais pessoas, lembrando um espelho d'água. Suas mãos, em forma de concha, carregam água para o tronco e para a cabeça, enquanto o tronco se movimenta de forma pendular; assim, ela se move como se estivesse se banhando e, em certos momentos, remetendo a um tipo de mergulho iniciado pela cabeça. Nesse momento, um perfume é colocado sobre Oxum, pois o orixá está no banho. Em seguida, Oxum realiza uma dramatização do ato de pôr as joias: colares, pulseiras, anéis e o *adê*, sua coroa, culminando, assim, na cena do banho.

Essa dança, como as demais, tem uma história que é contada, estabelecendo uma comunicação com o público e especialmente com outros orixás, dando, assim, continuidade a outros textos coreográficos que fazem o grande repertório das danças de matriz africana adaptadas no Brasil.

Nanã
Água dos mangues

Novamente o sentimento de dançar com água e na água é retomado nas coreografias do orixá Nanã, que representa a água e a lama dos manguezais. É, então, outra concepção de água, diferente da água do mar de Iemanjá e da dos rios de Oxum.

Isso é notado na coreografia especial em que Nanã, teatralmente, realiza o seu banho de lama. Esse banho é iniciado quando um membro do *egbé* joga no chão a água de uma quartinha diante do orixá. Nanã, já de joelhos, com a saia aberta e sustentada por outros orixás, realiza lentamente com as mãos movimentos circulares sobre o chão molhado, como se preparasse a lama ou a massa de barro primordial que, segundo os *itãs* — lendas —, foi utilizada para modelar o homem. Em seguida, as mãos umedecidas são passadas no rosto, nos antebraços e braços, repetindo-se assim a coreografia.

Caracterizam-se as coreografias de Nanã como mais reflexivas, em andamento moderado e lento, com a pessoa que dança fazendo uma semiflexão do tronco para a frente e olhando basicamente para o chão, realizando ainda movimentos pendulares ora para a direita, ora para a esquerda, deslocando-se dessa maneira. Com as mãos, como se estivesse pilando sucessivamente, o orixá vai caminhando lentamente pelo salão. Com os braços, realiza outros movimentos, como se embalasse um objeto, o *ibiri*, um tipo de cetro em palha da costa, búzios e tecidos.

O orixá Nanã também dança o toque do *opanijé* e o toque do *bravum*, junto com os orixás Omolu e Oxumaré, seus filhos míticos.

Iemanjá
O mergulho da mãe-peixe

Cada elemento da natureza — terra, ar, fogo e água — apoia e indica como o orixá vai caracterizar suas danças para, assim, ser reconhecido publicamente. A água, elemento fundamental à vida, à fertilidade, une-se principalmente ao sentimento da mãe. Assim é Iemanjá, na sua mais geral compreensão afrodescendente, mãe do mundo, mãe dos homens.

É a mãe-peixe que nas terras yorubás domina o rio Ogum, pois Olokum — orixá dos oceanos — domina todas as águas salgadas do mundo.

No Brasil, Iemanjá ganha um sentido que se amplia para o mar, quando esse orixá, identificado com um peixe, é também reconhecido como sereia: ser mitológico, metade peixe e metade mulher.

Muitas coreografias de Iemanjá traduzem sua relação com a água, com o mar, mostrando uma intimidade de nadadora, com mergulhos e flutuação, realizando também gestos maternais e de guerreira, além do sentido sexualizado de algumas danças.

A figura sensual da sereia une-se à imagem fértil da mãe, prevalecendo, contudo, a figura da mulher que amamenta, que tem muitos filhos, grandes seios, e está sempre pronta a parir.

Iemanjá é homenageada pelos pescadores por ser a mulher que domina o mar, as ondas, os peixes, sendo tema motivacional das mais variadas mitologias, juntamente com seres fantásticos que nascem e vivem nos oceanos do mundo.

As danças de Iemanjá revelam essa identidade com o mar, com a água, quando são realizados gestos que lembram a ação de nadar ou mesmo, em determinados momentos, um mergulho. A dança-teatro dos orixás tem vocação reveladora da essência, da função, do sentimento daquele orixá na experiência profunda com o seu elemento na natureza.

Nas coreografias de Iemanjá, propõe-se a sensação de se estar molhado, uma emoção de água, de água do mar. A tudo isso, une-se o imaginário das conchas, dos peixes, dos objetos femininos tradicionais: pentes, travessas, espelhos, formando, nas cores do orixá — azul, verde-claro e branco —, uma estética aquática e orientadora das danças que retomam alguns gestos daqueles que trabalham e vivem do mar.

A dramaturgia que se revela na dança de cada orixá confirma um misto de linguagens que une dança, teatro, performance, música instrumental, música vocal, indumentária e cenários, que são os próprios ambientes dos terreiros decorados, com bandeirinhas de papel, folhas, tecidos, entre outros elementos. Esses elementos são específicos em cores, formatos e materiais, de acordo com a cerimônia, a festa.

Por exemplo, uma das coreografias que lembram um mergulho é iniciada por uma espécie de nado, onde quem dança está de pé, com o olhar direcionado para o horizonte, as pernas suavemente semiflexionadas; com os braços semiflexionados, as mãos encontram-se espalmadas numa ação de remar para trás do corpo; é aí, então, que se dá o mergulho, partindo de um desequilíbrio intencional à frente, iniciado pela cabeça. Em seguida, quem dança recupera a posição inicial, voltando aos gestos que lembram o ato de nadar.

O sentimento de quem dança se aproxima do experimentado pelo ator, pois a pessoa passa a ser o personagem, no caso o orixá.

Então se vivem o mar, a água, o peixe, os oceanos nas suas fantásticas e míticas extensões; vive-se a sereia, como diz a lenda de um *itã* yorubá: "Dos grandes seios de Iemanjá jorram dois rios de onde nascem os demais orixás."

Todos chegam das águas.

Oxalá
O senhor da cor branca

Há duas grandes variações nas danças de Oxalá. A primeira é referente ao aspecto mitológico jovial e guerreiro, quando o orixá se chama Oxaguiã; a segunda é referente ao sentido ancião, repleto de sabedoria, relacionado à criação do mundo, quando ele se chama Oxalufã.

Ambas as interpretações, no imaginário de matriz africana, falam de um mesmo personagem. No processo de sincretismo, por analogia, diz-se que Oxaguiã é o Menino-Deus e Oxalufã é Nosso Senhor do Bonfim. São leituras de um mesmo mito que apoiam a compreensão das devoções populares essencialmente afro-baianas.

A dança do jovem

O jovem Oxaguiã dança com passos largos, lembrando muitas vezes coreografias de Ogum, quando as letras dos cânticos falam sobre o papel desbravador e guerreiro do orixá.

Oxaguiã dança como se estivesse lutando, usando inclusive uma pequena espada prateada como uma das suas mais importantes *ferramentas*, insígnias.

Numa de suas danças ele age como se amolasse a sua espada, utilizando o braço semiflexionado como representação de sua espada, que está sendo amolada em sua outra mão espalmada. O braço direito, que simboliza a espada, realiza o movimento partindo da frente do corpo. Os pés acompanham esse movimento, realizando um deslocamento em todas as direções num compasso 4/4.

Ele transmite, através da dramaturgia da dança, um importante tema, que é a transformação da raiz do inhame em comida do orixá, por meio do objeto ritual que é a mão de pilão.

As danças são masculinas e tratam de um rei que vai à guerra e que também se purifica com o ritual da dança dos *atoris* — varas longas de madeira —, especialmente preparados para um ato público, socializando histórias ancestrais também relacionadas à fertilidade.

A dança do ancião

Oxalufã apresenta-se publicamente no teatro sagrado dos terreiros como um ancião que caminha lentamente, apoiando-se em um cajado prateado especial chamado *opaxorô*.

É a mais evidente representação de um homem velho que se desloca curvado, com os joelhos semiflexionados, podendo-se observar que as danças de Oxalufã têm como principal desenho coreográfico uma longa caminhada, seguindo uma orientação circular que, aliás, é comum às demais coreografias dos orixás.

Cumprindo os enredos, temas que a mitologia orienta sobre as características funcionais de cada orixá, destaca-se nas danças de Oxalufã um tipo de coreografia única, quando dois orixás realizam juntos, integrados num mesmo modelo de sequência de gestos, uma dança acoplada.

É justamente quando Xangô conduz, sobre as suas costas, Oxalufã, que está totalmente apoiado em decúbito ventral, com a barriga apoiada sobre as costas e os pés suspensos do solo, sendo sustentado por Xangô. Então, Xangô cumpre o mesmo princípio da longa e lenta caminhada que é característica das danças de Oxalufã. Pode-se dizer que, nesse duo, o enredo trata das principais características desses orixás.

Outro aspecto comum nas danças de Oxalufã é o figurino. O orixá vai caminhando com sua roupa totalmente branca, exibindo ampla saia e pano da costa que são gentilmente conduzidos pelos outros orixás presentes e pelas pessoas da alta hierarquia do terreiro, realizando, assim, todos ao mesmo tempo, os mesmos passos, as mesmas posturas, os mesmos gestos que o ancião orixá.

Há, assim, um forte sentimento socializador e de coesão nas coreografias de Oxalufã, talvez por ser um orixá criador que é reverenciado como o último na sequência das coreografias do *xirê* nos terreiros.

Roupa de baiana e plasticidade na dança

As roupas, sem dúvida, apoiam e também compõem o corpo que dança. A roupa é um importante elemento integrado à coreografia, assim como seus acessórios de diferentes materiais. No caso das muitas danças rituais do *xirê*, das tão celebradas danças de orixás, há uma roupa fundamental, que dá plástica, volume, cor e dinâmica a cada gesto, a cada sequência de passos, aspectos que são integrados em forma e significado na roupa de baiana.

Há uma montagem diferente para as várias peças, cada uma delas dotada de sentido e funcionalidade, para ser visível e guardar o sentido identitário no imaginário do que é matriz africana unida ao imaginário barroco.

A roupa de baiana é uma síntese multiafricana de apoio coreográfico. As grandes saias e as anáguas possibilitam expressões nas danças, bem com os demais panos dispostos especialmente na organização da roupa, como, por exemplo, o pano da costa, e os acessórios como: turbante, fios de contas e pulseiras, as quais contribuem para a produção de som, combinadas com as demais fontes sonoras — atabaque, agogô e afoxé.

As roupas tradicionais dos orixás nos candomblés têm como base formal a vestimenta de baiana. É a partir dessa estrutura de panos, com muitos acessórios de metal, búzios, couro, entre outros materiais, que são criadas as roupas rituais dos orixás. Destacam-se, também, as chamadas ferramentas — insígnias que identificam o caráter, a função e as histórias dos orixás. São elas:

- Ogó — para Exu
- Obé — para Ogum
- Damatá ou ofá — para Odé
- Ofá e abebê — para Logun Edé
- Xaxará — para Omulu
- Dã — para Oxumaré
- Abebê — para Oxum e Iemanjá
- Ibiri — para Nanã
- Oxê — para Xangô
- Eruexim — para Oiá
- Espada e escudo — para Oxaguiã
- Opaxorô — para Oxalufã

Assim, cada objeto tem uso específico nas coreografias, apoiando gestualidade e, principalmente, a narrativa das histórias, nascendo daí o verdadeiro teatro-dança que faz o *xirê*.

A roupa de baiana e seus complementos são importantes componentes nas realizações das coreografias, com destaque para as saias, que possibilitam movimentos especiais e ações expressivas como recurso sempre utilizado no *xirê* e em muitas outras danças de matriz africana, como o *samba de roda* e o *tambor de Mina*, em que as saias rodadas dão apoio à integração dos passos e ao conceito de corpo feminino nas danças.

As saias rodadas e seu movimento trazem memórias e sentimentos de festa, de dança de pé no chão sobre o barro, sobre a terra. A roupa é um território de identidade experimentado no corpo; e é certamente na roupa que se marca e se expõe o sentido espacial do corpo.

As variadas atualizações do traje de baiana — roupa de baiana, roupa de crioula, estar de saia, mulher de saia, baiana de passeio, baiana de candomblé, baiana do Bonfim, baiana da Boa Morte ou beca, ou simplesmente baiana — apontam e reúnem elementos visuais barrocos da Europa, tecnologias, cores, texturas de peças africanas do Ocidente e a forte presença afro-islâmica.

Destacam-se as relações entre o islã e a África e, ainda, entre os portugueses e espanhóis da Península Ibérica e os povos do islã, mouros, muçulmanos, todas formando o *tipo*, um tipo essencialmente consagrado, que é o da *baiana*.

Pano de vestir

> A cidade amanhece. Aos poucos eles vão chegando, usam calções de algodão barato, estão descalços como todo escravo deve andar. São negros de diferentes etnias. São ladinos, são crioulos. Localizam-se nas esquinas, nos portos, nas portas das lojas. (Silva, 1988, p. 111)

O objetivo principal do uso de tecidos de algodão natural era o de *tapar as vergonhas*, como anunciava o padre Antônio Vieira. Com a *tecelagem funcional*, feita nas fazendas e nos engenhos, confeccionavam-se uma ou duas peças destinadas ao escravo para serem usadas por tempo indeterminado — eram chamadas de *pano de vestir*. Já o *pano de roupa*, na época (Brasil Colônia), era sinônimo de riqueza material.

O corpo escravo, tido como suporte meramente utilitário, deveria estar coberto, embora marcas étnicas, sinais de sociedades, escarificações no rosto e em outras partes do corpo e dentes limados dessem distinções, situassem grupos, procedências e, visualmente, determinassem identidades.

As aquisições de panos para, segundo a moral cristã, vestir o corpo nu já começavam a formar um elenco de morfologias adaptadas que buscavam, talvez, algumas aproximações com desenhos africanos.

Os operários negros conservavam o hábito de usar vestes brancas, de grosso tecido de algodão, calça e camisa justa e curta, que lembram camisas nagôs (Rodrigues, 1945, p. 199).

Ainda nesse despojamento econômico do traje, vê-se a chamada *roupa sura* como uma das primeiras composições do que se poderia, formalmente, entender como *baiana*. É um tipo de roupa lisa, discreta, sem adornos, composta de saia e camisa.

Nos terreiros de candomblé, foi adotada a *roupa de ração*, um traje interno, de lidas cotidianas, composto por saia sem anáguas, com ou sem camisa. A saia pode ficar na altura do busto, deixando ombros livres. O nome roupa de ração vem de roupa que come, que recebe obrigações durante os diferentes rituais religiosos.

Pano de cabeça

A primeira e marcante identificação da *roupa de baiana* dá-se pela cabeça coberta com tecido de diferentes formatos, texturas e técnicas de disposição conforme intenção social, religiosa, étnica, entre muitas outras.

Durante muito tempo, em Portugal, proibiu-se o uso de panos nas cabeças das mulheres, pois lembravam o *bioco* muçulmano.

Em Portugal, já no século XII, tem-se o retrato da rainha Mafalda com seu *toucado em rolo*. Turbantes, trufas, turbantes do polichinelo e turbantes à mourisca são vistos em ilustrações quinhentistas das edições de cordel, dos autos cômicos de Gil Vicente.

O chamado *turbante mourisco* achava-se muito em moda entre senhoras de qualidade dos fins do século XVIII (Valladares, 1952, página 5)

O nosso turbante afro-brasileiro é, sem dúvida, afro-islâmico — maneira de proteger a cabeça do sol dos desertos ou de outras áreas tórridas e quentes do próprio continente africano. Contudo, ampliam-se seu uso e sua função, distinguindo a mulher em diferentes papéis sociais e compondo estéticas que falam das condições econômicas e das intenções de uso, exibindo muitas vezes detalhes e sutilezas despercebidos pela maioria.

De muitas formas se pode amarrar o torço na cabeça. Também pode ele ser de diferentes tamanhos e formatos, desde um simples pedaço de pano triangular até todo um vasto xale. (Valladares, 1952)

O torço protege o *ori* — cabeça —, e é indicado para as mulheres iniciadas no candomblé. Estar de torço tem significados próprios, como também estar sem torço em momentos religiosos especiais, estabelecendo-se assim contatos mais diretos com o sagrado.

Muitos panos

A roupa de baiana é uma rica e complexa montagem de panos, formada por: várias anáguas engomadas, com rendas, entremeios e de ponta; saia, geralmente com cinco metros de roda, tecidos diversos, com fitas, rendas e outros detalhes na barra; camisu, geralmente rebordado na altura do busto, com bata por cima, de tecido mais fino; pano da costa de diferentes usos — pano de alaká, africano, tecido em tear manual, outros panos industrializados, retangulares, visualmente próximos das peças da África. Estar de saia, usar saia, pode referir-se ao elaboradíssimo conjunto que monta a roupa típica da baiana.

As saias armadas, volumosas e arredondadas são uma herança da indumentária europeia — saias à francesa. Batas largas, frescas, ecologicamente cômodas são indícios de origem muçulmana, como os chinelos de ponta de couro branco, couro lavrado, o chamado *changrim*, outra peça à mourisca.

Nos candomblés, as roupas de baiana ganham sentido cerimonial e geralmente conservam aspectos tradicionais. Nos terreiros kêtu e angola, as roupas têm armações para arredondar as saias; já nos terreiros jeje, as saias são mais alongadas e com menor armação. Ainda no âmbito religioso, a baiana é base para as roupas dos orixás, voduns e inquices, acrescida de detalhamentos peculiares em cores, matérias e formatos, contando, também, com as ferramentas — símbolos funcionais dos deuses.

O traje-emblema da baiana está disseminado em diferentes manifestações populares. Nos maracatus do Recife, é baiana rica, baiana pobre ou catirina. Ainda com o nome de catirina, nos autos do boi, como a mulher do vaqueiro; crioula, em cortejos e danças como as do São Gonçalo na localidade de Mussuca, Sergipe; em congadas; nas alas obrigatórias das escolas de samba — ala das baianas —, reforçando sempre um imaginário afro-brasileiro; ainda a imigração da roupa no marketing brasileiro, com Carmem Miranda, em soluções visuais da "baiana rumbeira", verdadeira síntese de latinidade.

Quem não tem balangandãs...

As pencas ou molhos de balangandãs ou de amuletos estão incluídos nesse exagero de adorno, reforçando ideal de riqueza e poder dos senhores coloniais [...] Alguns balangandãs visíveis nas pencas são originários de funções específicas de atividades econômicas — os ganhos —, tais como bolas de louças, figas, saquinhos de couro, dentes de animais — encontram-se ainda medalhinhas, crucifixos e outros símbolos cristãos absorvidos e relidos pela funcionalidade [...] (Lody, 1988)

Hoje ausentes da composição de roupa de baiana, alguns elementos visuais nascentes das pencas fixaram-se nos fios de conta, nas pulseiras, mantendo, simbolicamente, marcas sociais e religiosas. *Ofá, oxê*, mão de pilão, saquinhos de couro ou tecido — patuás —, dentes encastoados, figas em fios de miçangas, correntes de ouro ou de prata, contas de louça, corais, laguidibás, fios de búzios, entre outros, são alguns exemplos.

A joalheria que compõe o traje de baiana é fundamentada em brincos — argolas, dos tipos pitanga ou barrilzinho —, pulseiras *idés*, de búzios, de contas, corais, marfim, prata, ouro, cobre, latão, ferro, colares tipo *trancelim*, de argolas encadeadas e os *ilequês*, com as cores simbólicas dos deuses pessoais, da família ou da nação e terreiro.

Rodar a baiana

A baiana encarna um personagem-síntese do brasileiro, um símbolo nacional, importante componente de uma heráldica social e cultural. A baiana é como um depósito de componentes formadores do povo. É um cartão-postal do imaginário genuinamente nacional. É mulher, é afro, é associada a uma civilização tropical, une-se às comidas, às vendas de pratos com dendê, preferencialmente. É ainda valor de mulher que trabalha, que é guardiã da memória do grupo. Assume um sentido matriarcal.

A baiana é, ainda, um resultado de *misturas*, leiam-se *misturas* como diferentes tendências ideológicas, de estilos e de momentos históricos.

A composição visual transcende o território baiano. Ganha o país e o exterior por diversos caminhos de afirmações teóricas e da mídia sobre brasilidades. A ela, baiana, unem-se o vaqueiro encourado do sertão e o gaúcho, que têm algo em comum na formação brasileira. São componentes telúricos que oferecem diferentes leituras para se entenderem as construções de nacionalidade.

Nessa rápida viagem ao imaginário da baiana, nascem questões sobre etnoestética e, valorativamente, a exposição do lado *guerreiro* da baiana, como mulher valente, sabendo a roda que tem a sua saia.

Não é à toa que se diz por aí: "Rodei a baiana."

O corpo e o ofício

A postura convencional e tradicional de estar no tabuleiro, no desempenho do ofício de fazer e de vender acarajé, além de outras comidas que formam o chamado Tabuleiro da Baiana, caracteriza socialmente o tipo baiana, consagrado como um dos emblemas do que é brasileiro no imaginário. No tabuleiro da baiana tem abará, cocada branca, cocada preta, bolinho de estudante, vatapá, caruru, camarão seco, salada e molho de pimenta para o acará, o tão conhecido acarajé.

A mulher fica sentada em cadeira ou banco, perante o tabuleiro com as comidas, tendo de um lado o tacho para a fritura do acarajé e do outro a panela do abará. Com movimentos do tronco, desloca-se para a frente e para os lados, trabalha com os braços, com as mãos, ao mesmo tempo que executa frequentes movimentos de cabeça e esboça expressões faciais, numa verdadeira dança que nasce dos gestos funcionais para o desempenho do ofício, do trabalho que tem na comunicação corporal importante elemento de sociabilidade.

Geralmente quem exerce o ofício de baiana de acarajé pertence ao candomblé ou tem com ele algum tipo de ligação, simpatia, devoção, unindo o trabalho ao orixá Iansã, que, segundo os itãs — lendas —, foi quem ensinou a mulher a fazer acará, bolinho de feijão-fradinho triturado, cebola e sal, frito no azeite de dendê.

No ato ancestral de processar o feijão na pedra ou no pilão lítico, formado por uma base retangular e outra pedra para triturar, surge o jicá, um tipo de ginga. É essa tecnologia culinária que condiciona e exercita muscularmente aquele que prepara o feijão-fradinho, pois o ritmo é um sistema de fluência de movimento adquirido através do ambiente, das relações sociais, do trabalho e das demais atividades que marcam as ações corporais.

Certamente, há uma intensa relação na gestualidade do candomblé com as posturas e ações da baiana no seu ofício no tabuleiro. Há uma valorização quase sensual do corpo, ao se realizarem movimentos extremamente femininos, numa estética que reúne imaginários de mãe/mulher. No ato de oferecer o acarajé, projeta-se um oferecimento de corpo e de comida.

Dança e patrimônio imaterial

Em contexto internacional, o conceito de Patrimônio Cultural muito se ampliou, indo além dos testemunhos materiais arquitetônicos, que são tema e objeto principal do Instituto do Tombamento em virtude de seu valor histórico e artístico. A ocupação por personalidade política, intelectual, religiosa, militar, entre outras, poderia receber marcar a consagração de um bem de cunho patrimonial, em âmbito municipal, estadual ou federal.

No caso do Brasil, com a criação do Serviço do Patrimônio Histórico e Artístico Nacional (1937), atual IPHAN, buscava-se inicialmente um olhar voltado para o patrimônio natural, etnográfico, arqueológico, histórico e artístico. Contudo, foi o testemunho arquitetônico monumental o que determinou ações quase que exclusivas nesse campo, reconhecido como "Patrimônio de Pedra e Cal".

São tantas as expressões da cultura e maneiras de representar povos, civilizações, etnias, sociedades que somente o Patrimônio de Pedra e Cal não conseguiria abranger temas da diversidade e da complexidade de diferentes testemunhos originais de localidades, de modos de fazer, de representações as mais diversas.

Assim, movimentos internacionais surgidos a partir da década de 1970 vêm buscando desenvolver políticas no tocante às muitas outras expressões e testemunhos patrimoniais, e não apenas referentes ao poder estabelecido pelo Estado, pela Igreja ou por qualquer outra representação de uma história oficial.

Busca-se cada vez mais olhar e valorizar as manifestações intangíveis em processos patrimoniais da sabedoria tradicional dos povos, envolvendo temas como música, dança, comida, oralidade, tecnologias, indumentária, entre tantas outras maneiras de atestar identidade e alteridade.

Em contextos globalizados, buscam-se, então, as singularidades de grupos e indivíduos reveladoras do sentimento de pertença a um lugar, a um segmento étnico, a uma associação, a uma manifestação religiosa; na produção de um bem artesanal; a um detentor de uma receita de comida; ao realizador de uma coreografia, canto, teatro, entre outras linguagens artísticas.

Há, também, uma crescente valorização de expressões da cultura popular, das memórias arcaicas fundadoras do gesto, da construção de um instrumento musical, da palavra; do movimento intencional e do sentido comunicador que é a dança, por exemplo.

As danças como manifestações patrimoniais têm tido reconhecimento por parte do Instituto do Patrimônio Histórico e Artístico Nacional (IPHAN), no cumprimento de políticas públicas no âmbito do Patrimônio Imaterial (2000), registrando manifestações com o mesmo valor e significado do tombamento do patrimônio material.

Assim, são registrados como patrimônio nacional o samba de roda (Bahia), o tambor de crioula (Maranhão), o jongo

dança e patrimônio imaterial 175

(Sudeste), o samba urbano carioca, quando todos integram um elenco de danças de matriz africana.

O Registro do Patrimônio Imaterial reconhece a importância dessas formas de dança como valores que devem ser preservados, salvaguardados, atestando a importância dos muitos povos africanos que fizeram e deram identidade ao povo brasileiro.

Certamente, a melhor salvaguarda da dança é dançar, realizar, viver as coreografias nos seus contextos, cumprindo seus sentidos simbólicos, funcionais, religiosos, lúdicos, entre tantos outros.

É dançando que se salvaguarda cada passo, gesto, olhar, detalhe sensível da expressão do corpo na comunicação do personagem, marcando o gênero, vivendo rituais de sociabilidade, reforçando laços religiosos, éticos, morais e culturais.

O olhar patrimonial sobre as danças é derivado das experiências cotidianas do corpo no trabalho, nas técnicas, nos ritos de passagem, na família, na comunidade, nos templos religiosos e em compreensão ampliada de pertença.

Além das danças de matriz africana registradas pelo IPHAN, destaca-se a capoeira, também alvo do registro, expressão tradicional de corpo afrodescendente em estilos angola e regional, e que para muitos é também um esporte brasileiro.

As danças de matriz africana se integram de maneira constituinte, pois estão presentes nas comunidades/terreiros sob a orientação do tombamento do Patrimônio Material, como é o caso de alguns terreiros de candomblé da Bahia, como a Casa Branca, o Ilê Axé Opô Afonjá, Gantois, Bate Folha, Alakêtu; e do Maranhão, como a Casa das Minas, todos tombados pelo Patrimônio Nacional.

A compreensão patrimonial inclui os vocabulários em línguas africanas: yorubá, quicongo, quimbundo, fon/ewe, entre tantas outras; as indumentárias, as tecnologias artesanais, a música instrumental e, em destaque, novamente a dança como linguagem dominante do povo do santo. É comum se ouvir dizer: "Vou dançar no terreiro." Essa declaração reúne muitos significados de fé religiosa, de socialização e, principalmente, de encontrar na palavra dança a melhor tradução para a inclusão em um modelo social e cultural.

A importância da dança de matriz africana na educação

A criança vê a mãe dançando, deslizando os pés com destreza e habilidade, como geralmente se chama — pé de pincel —, executando cada coreografia, consciente de cada gesto, olhar, dinâmica e comunicação com os músicos. A criança imita e, assim, inicia-se de maneira experimental e tradicional a viver a dança, e a ocupar o seu espaço social de pertença.

A dança é um fenômeno de comunicação artístico-cultural natural dos homens, que resulta da criação e da recriação da ação gestual como forma de linguagem.

A dança é considerada cada vez mais um componente precioso no sistema pedagógico de ensino e um dos fatores essenciais para o aperfeiçoamento das habilidades individuais.

Se a dança é simultaneamente aquisição de conhecimentos, manifestação de um modo elaborado de corporeidade, de sensibilidade, e uma significativa forma de comunicação, parece evidente que a participação desse conteúdo nas atividades artísticas e expressivas da população em geral deverá constituir um excelente meio de orientação educativa para a sociedade.

A dança de matriz africana é uma forma de construir uma educação artística apoiada na cultura corporal do movimento, promovendo criatividade, comunicação e expressão orientadas para a descoberta das capacidades pessoais. Além disso, concorre para uma formação consistente do indivíduo e para a preservação das memórias de matriz africana.

A arte da dança, seja ela praticada com a utilização de técnicas institucionalizadas ou não, tem potencialidades expressivas possíveis de adequar-se a uma população formada por diferentes grupos, como idosos e portadores de necessidades especiais, podendo, entre outros benefícios, promover a sua integração social.

> Os fatos relacionados aos movimentos, atitudes e hábitos do homem têm de ser entendidos no contexto em que ocorrem. [...] As técnicas corporais são, portanto, características de determinados grupos sociais e são transmitidas através da educação, da imitação, da convivência, da tradição. (Mauss, 1974, p. 212)

Desenvolver as habilidades motoras e o pensamento crítico ajuda a ter consciência dos aspectos relacionados à prática da dança e às artes em geral, sendo amplamente trabalhados os conceitos de *estética* — que, para Paul Valery (*apud* Magnani, 1996), é o caminho específico do fazer artístico — e de *estilística* — conjunto de modos de expressão, formas de comunicação e veículos de informação constituintes — como expressões da dança. Como diria Baudelaire: a estética tem seu fundamento no simbolismo da beleza.

A utilização consciente das ações motoras para comunicar pensamentos, sentimentos e ideias refina a qualidade do desempenho na vida diária, aumentando a performance do indivíduo.

a importância da dança de matriz 179

Assim, na dança, o aluno deve, de modo geral, demonstrar a compreensão dos elementos básicos; dominar o vocabulário motor básico do estilo praticado; interpretar e comunicar histórias e temas através de sequências de movimentos; e realizar as coreografias dominando códigos e símbolos do estilo praticado.

É importante considerar também que as danças têm símbolos que são próprios das culturas às quais pertencem.

Objetivos da dança:
- dominar os fundamentos e o vocabulário básico da dança;
- utilizar adequadamente as ações motoras;
- demonstrar controle corporal no ato de criação;
- reagir a uma variedade de estímulos utilizando elementos da dança;
- explicar a importância dos símbolos utilizados;
- dominar os tipos de energia envolvidos nas sequências dançadas;
- criar frases de movimento com princípio, meio e fim;
- representar histórias e personagens de forma adequada;
- comunicar através dos movimentos expressivos os temas selecionados;
- manter a concentração na improvisação, na composição e na interpretação.

Na dança, há necessidade de ações muitas vezes nunca experimentadas, então um novo sistema de interligações nervosas surge para atender a essas solicitações coordenativas, ampliando-se os espaços para novos registros de memória, que futuramente garantirão mais espaços para eventos de plasticidade neural.

Nesse sentido, o resultado do desempenho na dança é fruto da dinâmica dos elementos perceptivos e motores que compõem o comportamento habilidoso. Assim como no esporte, na dança o desempenho habilidoso depende de prática e, mais precisamente, de uma prática deliberada, moldada para potencializar o desempenho e a aprendizagem do indivíduo.

A aprendizagem motora se manifesta no ser humano como um sistema complexo que recebe informações para desempenhar uma tarefa ou resolver problemas, buscando sempre corresponder de forma satisfatória a essa necessidade.

Essas informações podem ser provenientes do próprio organismo — informações proprioceptivas —, ou da tarefa, do contexto ou ambiente — informações extraceptivas.

O conhecimento dos conceitos dessa área permite ao professor de educação física, dança e áreas afins refletir sobre o ambiente ensino-aprendizagem, desde a organização da tarefa até a avaliação para saber se a qualidade do movimento apresentado resultou ou não em aprendizagem.

Essa área de estudos tem seus conceitos inseridos em todas as situações em que as ações estejam presentes, sabendo-se que ação é o conjunto de meios motores orientados intencionalmente para a realização de uma meta comportamental.

A dança é um meio para se trabalhar a organização músculo-esquelética e a memória, meios que podem ser denominados, respectivamente, de conhecimento procedimental e declarativo. Rosenbaum (*apud* Públio e Manoel, 1995) diz que o conhecimento declarativo se refere à informação que pode ser descrita verbalmente, retida e manipulada na memória ativa. Ele se caracteriza por proposições a respeito de fatos, pessoas, objetos, eventos, as quais são objetos de

a importância da dança de matriz 181

introspecção consciente. O conhecimento processual ou procedimental consiste num sistema de produção, isto é, instruções para a realização de uma série de operações, as quais não estão disponíveis para introspecção consciente; é o saber fazer, porém de difícil verbalização. É o caso da dança religiosa do candomblé, do samba de roda, do tambor de crioula, do jongo, entre tantos outros, quando as observações participativas de crianças e adultos de diferentes idades experimentam e vivenciam o corpo segundo os padrões das coreografias organizadas.

Sob esses diversos aspectos, a dança como conteúdo das aulas de educação física, dança e áreas afins, destacando-se as danças de matriz africana, integra-se como tema relevante à Lei n. 11.465, de 10 de março de 2008, que estabelece as bases da educação nacional e a inclusão no currículo oficial da rede de ensino a obrigatoriedade da temática afrodescendente, o que pode vir a contribuir para o resgate da identidade e da alteridade das culturas de matriz africana.

Valorizar as experiências e as memórias culturais experimentadas no cotidiano e em espaços sociais singulares como os terreiros, as associações de afoxés, de maracatus, de samba, de jongo e demais formas coreográficas de matriz africana, torna-se imperioso, porquanto constituintes e formadoras da identidade do povo brasileiro.

Referências bibliográficas

AGUESSY, Honorat. Visões e percepções tradicionais. In: *Introdução à cultura africana*. Lisboa: Edições 70, 1977.
AMADIO, A. C. *Fundamentos biomecânicos para a análise do movimento humano*. São Paulo: Laboratório de Biomecânica/EEFUSP, 1996.
ANDERSON, John R. *Aprendizagem e memória. Uma abordagem integrada*. 2. ed. Rio de Janeiro: LTC, 2005.
ANTUNES, Celso. A memória: como os estudos sobre o funcionamento da mente nos ajudam a melhorá-la. In: *Fascículo 9/Celso Antunes*. Petrópolis: Vozes, 2002.
_____. Inteligências múltiplas e seus jogos. Inteligência cinestésico-corporal, vol. 2. /Celso Antunes. Petrópolis: Vozes, 2006.
BASTIDE, Roger. *O candomblé da Bahia*. São Paulo: Nacional, 1961.
BATALHA, Ana Paula. *Metodologia do ensino da dança*. Lisboa: Faculdade de Motricidade Humana, 2004.
BELINTANE, Claudemir. Vamos todos cirandar. In: *A mente do bebê. Aquisição da linguagem, raciocínio e conhecimento*, vol. 3. São Paulo: Ediouro, 2006.
BERGER, Kathleen Stassen. *O desenvolvimento da pessoa: da infância à terceira idade*. 5. ed. Rio de Janeiro: LTC, 2003.

BEVILAQUA, Lia R. M.; CAMMAROTA. M.; IZQUIERDO, Iván. Registros e impressões. In: *A mente do bebê. Aquisição da linguagem, raciocínio e conhecimento*, vol. 3. São Paulo: Ediouro, 2006.

BOAVENTURA, Ilka. *A dança e a música dos negros em Minas Gerais segundo viajantes estrangeiros do século XIX*. Suplemento Literário do jornal *Minas Gerais*, ano XXI, n. 1033. Belo Horizonte, 26 de julho de 1986.

CARLITO, Carlos Pereira dos Santos. Folder IPHAN: *Samba de roda*. Brasília: 2008.

CARNEIRO, Edison. *Religiões negras*. Rio de Janeiro: Civilização Brasileira, 1936.

CASCUDO, Luís da Câmara. *Made in Africa*. Rio de Janeiro: Civilização Brasileira, 1965.

CASTRO, Yeda Pessoa. Língua e nação de candomblé. In: *África*. Revista do Centro de Estudos Africanos da USP, n. 4. São Paulo: 1981.

CATANIA, A. Charles. *Aprendizagem, comportamento, linguagem e cognição*. 4. ed. Porto Alegre: Artmed, 1999.

CLAXTON, Guy. *O desafio de aprender ao longo da vida*. Porto Alegre: Artmed, 2005.

DAMÁSIO & DAMÁSIO. O cérebro e a linguagem. In: *Mente & cérebro*. Edição Especial, n. 8. São Paulo: Ediouro, 2006.

DAVINI, Silvia. O gesto da palavra. In: João Gabriel L. C. Teixeira (org.). *Performáticos, performance e sociedade*. Brasília: Editora Universidade de Brasília, 1996.

DELAOCHE. Judy S. Como o cérebro aprende. In: *Mente & cérebro*. Edição Especial, n. 8. São Paulo: Ediouro, 2006.

A DICTIONARY OF THE YORUBA LANGUAGE. Ibadan (Nigéria): Oxford University Press, 1980.

FERRETI, Sérgio Figueiredo. *Querebentã de Zomadônu: etnografia da Casa das Minas*. São Luís: UFMA, 1985.

FREYRE, Gilberto. *Aventura e rotina: sugestões de uma viagem à procura das constantes portuguesas de caráter e ação*. Rio de Janeiro: Fundaj, 1980.

referências bibliográficas 185

GELIS, Jaques. *O corpo, a Igreja e o sagrado. História do Corpo*. Petrópolis: Vozes, 2008.

HAYHOOD, Kathleen M.; GETCHELL, Nancy. *Desenvolvimento motor ao longo da vida*. 3. ed. Porto Alegre: Artmed, 2004.

JÄGER, Ludwig. A língua cria o mundo. In: *Mente & cérebro*. Edição Especial, n. 8. São Paulo: Ediouro, 2006.

JOÃO DO RIO. *As religiões do Rio*. Rio de Janeiro: Garnier, 1906.

KATZ, Laurence C. *Mantenha seu cérebro vivo*. 14. ed. Rio de Janeiro: Sextante, 2000.

LELOUP, Jean-Yves. *O corpo e seus símbolos: uma antropologia essencial*. 8. ed. Petrópolis: Vozes, 1998.

LODY, Raul. *Afoxé*. Rio de Janeiro: CDFB, 1976.

_____. *A roupa de baiana*. Salvador: Memorial das Baianas, 2003.

_____. *Ao som do adjá*. Salvador: Prefeitura do Salvador, 1975.

_____. *Arquitetura, religião e trópico*. In: I CONGRESSO BRASILEIRO DE TROPICOLOGIA. Recife: dezembro de 1986 (inédito).

_____. *Artesanato religioso afro-brasileiro*. Rio de Janeiro: IBAM, 1980.

_____. *Atlas afro-brasileiro. Cultura popular*. Salvador: Edições Maianga, 2006.

_____. *Candomblé, religião e resistência cultural*. São Paulo: Ática, 1987.

_____. *Coleção arte africana*. Rio de Janeiro: Museu Nacional de Belas Artes, 1983.

_____. *Devoção e culto a Nossa Senhora da Boa Morte*. Rio de Janeiro: Altiva Arte e Editora, 1981.

_____. *Dicionário de arte sacra & técnicas afro-brasileiras*. Rio de Janeiro: Pallas Editora, 2006.

_____. *Jóias de axé. Fios de contas e outros adornos do corpo: a joalheria afro-brasileira*. Rio de Janeiro: Bertrand Brasil, 2001.

_____. *Maracatu Leão Coroado*. Recife: Prefeitura da Cidade do Recife/ Fundação da Cidade do Recife, 1989.

_____. *O atabaque no candomblé da Bahia*. Rio de Janeiro: Funarte, 1989. (Série Instrumentos Musicais Afro-brasileiros).

_____. *O negro no museu brasileiro: construindo identidades.* Rio de Janeiro: Bertrand Brasil, 2005.

_____. *O povo do santo: religião, história e cultura dos orixás, inquices e caboclos.* São Paulo: WMF Martins Fontes, 2006.

_____. *Palavras de axé. Memórias e pertencimento no nagô do Recife.* Recife: Banco Real, 2008.

_____. Panela de Iemanjá. In: *Patrimônio cultural de Pernambuco*, ano IV. Recife: Fundarpe, 1986.

_____. *Pencas e balangandãs da Bahia: um estudo etnográfico das jóias amuletos.* Rio de Janeiro: Funarte/INF, 1989.

_____. *Samba de caboclo.* Rio de Janeiro: CDFB, 1978.

_____. *Santo também come.* Recife: IJNPS; Rio de Janeiro: Artenova, 1979.

MAGILL, Richard A. *Aprendizagem motora: conceitos e aplicações.* 5. ed. São Paulo: Edgard Blücher Ltda., 2000.

MASSADA, J. Leandro. *O bipedismo no* Homo sapiens*: postura recente, nova patologia.* Lisboa: Caminho, 2001.

MAZZOLENI, Gilberto. *O planeta cultura para uma antropologia histórica.* São Paulo: Edusp, 1990.

MORAES, Mello Filho. *Festas e tradições populares do Brasil.* Rio de Janeiro: H. Garnier, 1901.

NEUWEILER, Gerhard. A origem do nosso entendimento. *Scientific American Brasil*, n. 37. São Paulo: Ediouro, 2005.

QUERINO, Manuel. *Costumes africanos no Brasil.* Rio de Janeiro: Civilização Brasileira, 1938.

REDINHA, José. *Instrumentos musicais de Angola: sua construção e descrição. Notas históricas e etno-sociológicas da música angolana.* Coimbra: Instituto de Antropologia, 1987.

RIBEIRO, Maria de Lourdes Borges. O jongo. In: *Revista do Arquivo Municipal*, n. CLXXIII. São Paulo: Prefeitura Municipal de São Paulo, 1960.

RODRIGUES, Nina. *Os africanos no Brasil.* São Paulo: Nacional, 1945.

SANTOS, Juana Elbein. *Os nagôs e a morte.* Petrópolis: Vozes, 1976.

SCHMIDT, Richard A; WRISBERG, Craig A. *Aprendizagem e performance motora: uma abordagem da aprendizagem baseada no problema*. 2. ed. Porto Alegre: Artmed, 2001.

SILVA, Marilene Rosa Nogueira. *Negro de rua*. São Paulo: Hucitec, 1988.

TANI, Go. *Comportamento motor: aprendizagem e desenvolvimento*. Rio de Janeiro: Guanabara Koogan, 2005.

VALLADARES, José. *O torço da baiana*. Salvador: K. Paulo Hebeisen, 1952.

O homem é como a árvore, nasce direito e apenas começa a curvar-se mais tarde com o peso dos ventos desse mundo [...]

(Letra de um canto tradicional basa, República dos Camarões, África)

Este livro foi impresso em junho de 2021, na Imos Gráfica, no Rio de Janeiro.
O papel de miolo é o offset 75g/m² e o de capa é o cartão 250g/m².
A fonte usada no miolo é a Utopia.